ELLE ET SON CHAT

Titre original : 彼女と彼女の猫
SHE AND HER CAT by Makoto Shinkai et Naruki Nagakawa

Première édition japonaise publiée par KANZEN CORP., Tokyo. Cette édition est publiée avec l'accord de KANZEN CORP. dûment représenté par The English Agency (Japan) Ltd et New River Literary, Ltd.

Traduit du japonais par Myriam Dartois-Ako

10, place des Cinq-Martyrs-du-Lycée-Buffon
75015 Paris – France
www.editionscharleston.fr

ISBN : 978-2-36812-897-8

Maquette : Patrick Leleux PAO

Charleston s'engage pour une fabrication écoresponsable ! Amoureux des livres, nous sommes soucieux de l'impact de notre passion et choisissons nos imprimeurs avec la plus grande attention pour que nos ouvrages soient imprimés sur du papier issu de forêts gérées durablement.

Pour suivre notre actualité, rejoignez-nous sur Facebook (Editions. Charleston), sur Twitter (@LillyCharleston) et sur Instagram (LillyCharleston) !

Makoto Shinkai
Naruki Nagakawa

ELLE ET SON CHAT

Roman

Traduit du japonais
par Myriam Dartois-Ako

CHARLESTON
POCHE

PREMIÈRE PARTIE

UN OCÉAN DE MOTS

CHAPITRE 1

C'était au début du printemps, par un jour de pluie.

La bruine m'arrosait. Je gisais dans le caniveau.

Les passants se contentaient de me couler un regard en douce avant de s'éloigner à pas pressés.

Je n'avais plus la force de lever la tête ; je contemplais le ciel de plomb d'un seul œil.

Le calme régnait aux alentours ; seul un grondement résonnait au loin, pareil au tonnerre. Un roulement sur le pont ferroviaire, régulier et puissant.

Ce bruit m'attirait profondément.

Si le faible battement au creux de ma poitrine suffisait à me mouvoir, ce grondement-là, quelles choses énormes devait-il être capable d'ébranler !

C'était sans doute le pouls de l'univers. Le pouls d'un monde fort, grand et parfait, auquel je ne pouvais plus appartenir.

De fines gouttes de pluie tombaient sans bruit, à une vitesse constante. La joue collée au fond du carton, je me suis abandonné à une sensation d'élévation progressive.

Je montais au ciel, sans m'arrêter.

Je finirais sans doute, dans un bruit sec, par être supprimé de ce monde.

Au début, ce qui m'a relié à l'univers, c'est ma mère. Chaleureuse et douce, elle comblait tous mes désirs.

Elle n'est plus là.

Pourquoi ? Et comment me suis-je retrouvé dans un carton, sous la pluie ? Je n'en ai aucun souvenir.

On ne peut pas se rappeler de tout. Seulement des choses vraiment importantes. Et moi, je n'ai aucun souvenir digne d'être gardé en mémoire.

Une pluie fine tombait.

Vide, je montais doucement, tout doucement, vers le ciel gris.

Puis j'ai fermé les paupières, dans l'attente de l'instant décisif où je serais effacé du monde pour toujours.

Il m'a semblé que le grondement avait enflé.

J'ai rouvert les yeux : devant moi, le visage d'une humaine. Sous un grand parapluie en plastique transparent, elle me regardait d'en haut.

Depuis quand était-elle là ?

La femme s'est accroupie pour m'observer, le menton sur les genoux. De longs cheveux tombaient sur son front. La cloche de son parapluie offrait un écho au vacarme.

Sa chevelure comme mon corps étaient gorgés d'eau ; une agréable odeur de pluie imprégnait l'air.

J'ai soulevé la tête, non sans difficulté, et je l'ai regardée droit dans les yeux.

Le doute hantait ses prunelles. Elle a fermé les paupières, juste un instant, puis, comme si elle avait pris sa décision, elle a planté son regard dans le mien. Pendant un moment, nous sommes restés les yeux dans les yeux.

La terre a continué à tourner discrètement sur son axe, sans un bruit, et la chaleur de nos deux corps à se dissiper en sourdine.

— Tu viens ? Ça te dit ?

Ses doigts glacés ont effleuré mon corps. Elle m'a pris dans ses bras sans la moindre peine. Le carton, vu d'en haut, était étonnamment petit. Elle m'a glissé sous sa veste, contre son pull. La chaleur de son corps était d'une douceur incroyable.

J'ai entendu les battements de son cœur. Elle s'est mise en marche et un grondement nous a dépassés. Nos pouls, à elle et moi, mais aussi celui du monde, battaient à l'unisson.

Ce jour-là, elle m'a recueilli. Depuis, je suis son chat à Elle.

La société n'est faite que de mots, ou presque.

Voilà comment les choses m'apparaissent depuis que je travaille. « Fais ceci » ou alors « Informe Untel de cela » : le travail avance avec ces échanges de mots vagues, sitôt évaporés. Tout le monde fait comme si c'était évident, mais moi, je trouve ça quasiment miraculeux.

Ce que j'aime, ce sont les échanges de documents. Parce que le papier reste, il est tangible. Comme je me propose volontiers pour traiter la paperasse, au bureau, on m'apprécie – les autres trouvent ça pénible.

Je suis plus à l'aise avec les papiers qu'avec les humains. Parler, ce n'est pas mon fort. Très vite, je ne sais plus quoi dire. Tous mes amis sont des bavards. Tamaki, mon amie depuis la fac, a toujours quelque chose d'hilarant à raconter ! Un paysage qui, à moi, ne m'inspire rien, regorge de significations pour elle. C'est exactement comme si elle voyait des choses qui me sont cachées. Elle est géniale, Tamaki.

J'aime les gens qui parlent beaucoup.

Mon copain s'appelle Nobu. Il a un an de moins que moi et il est très loquace. Son travail dans les assurances, les films de SF, la musique électro, les vieilles guerres chinoises… Il me parle de tout un tas de trucs.

Grâce à lui, je m'y connais un peu en systèmes d'assurance et je maîtrise les noms des grands généraux.

Tamaki est forte pour mettre des mots sur ce qui l'entoure et Nobu pour exprimer les connaissances qu'il a emmagasinées. Moi, je ne sais faire ni l'un ni l'autre.

L'arrivée du printemps me rappelle souvent la première fois que j'ai loué mon propre appartement. Surtout quand il pleut, comme aujourd'hui.

Après avoir fait seule le tour des agences immobilières, j'ai, tremblante, apposé mon sceau sur le contrat. Mon premier chez moi. Pour le déménagement, sous la même pluie qu'aujourd'hui, Tamaki est venue m'aider. Le garçon qu'elle a amené ce jour-là, c'était Nobu.

On a défait les cartons ensemble, monté une étagère et ensuite on est allés manger dans un petit restaurant du quartier.

Emménager avec l'aide d'une amie et d'un garçon, puis enchaîner sur un restau, c'était une première pour moi et ça me paraissait irréel, j'avais l'impression d'être dans une série télévisée ; je cherchais comment l'exprimer quand Tamaki a dit :

— Une journée pareille, ça me rappelle l'époque où on était étudiants. Pas vous ?

Nobu a ri.

Moi aussi, j'ai affiché un sourire. Les gens normaux étaient déjà passés par ces étapes, ai-je compris.

Finalement, vivre seule, ça ne changeait rien pour moi.

Peu après mon emménagement, Nobu est venu à la maison, sans Tamaki.

Le robinet d'arrivée d'eau de la machine à laver était défectueux, du coup, le tuyau de raccordement fuyait souvent. Je m'en étais plainte à Tamaki qui s'est arrangée pour m'envoyer Nobu.

Comme c'était elle que j'attendais, l'arrivée de Nobu m'a surprise. Il avait acheté tout ce qu'il fallait dans un magasin de bricolage pour colmater la fuite. Moi, je ne savais même pas qu'il fallait couper l'eau.

Ce serait chouette d'avoir un homme comme lui à mes côtés. Voilà ce que j'ai pensé et, à ma grande surprise, j'ai réussi à le lui dire sans détour.

C'était la première fois que j'arrivais à exprimer mes sentiments avec tant de franchise.

Ce jour-là, Nobu a passé la nuit chez moi.

Les mots pouvaient changer le monde, ce qui avait quelque chose d'un peu effrayant, aussi.

Nous avons pris l'habitude de nous retrouver chaque semaine chez moi, mais à un moment, Nobu a commencé à avoir beaucoup de travail et depuis, nous nous voyons moins souvent.

Je considère qu'on est ensemble.

Comment lui voit-il notre relation ? J'espère qu'on est d'accord, même tacitement.

Dans les *shōjo manga* qu'on s'échangeait entre copines, à l'école primaire, l'héroïne finissait toujours par trouver un amoureux : le bonheur pour une fille, c'était d'avoir un petit ami. Mais j'ai appris que dans la réalité, l'histoire ne s'arrête pas là.

Avoir un amoureux, ça peut rendre encore plus triste que d'être seule.

Aujourd'hui, j'ai vu Nobu pour la première fois en trois mois. Cela faisait longtemps qu'on n'avait pas passé du temps ensemble. On a marché côte à côte sous la pluie de printemps. Il était toujours aussi volubile et gentil.

J'aime me laisser bercer par ses paroles. Mais quand il n'est pas là, l'inquiétude m'envahit. Comme si je m'apercevais soudain que je nage là où je n'ai pas pied.

On est ensemble, pas vrai ?

Je n'arrive pas à prononcer cette phrase. Si sa réponse mettait fin à notre relation, je perdrais pied, je crois.

Aujourd'hui encore, tel un satellite, je tourne autour de la question qui me préoccupe en acquiesçant à son bavardage.

On dirait une écolière. C'est peut-être parce que je n'ai pas vécu ça plus tôt que j'en suis là.

Nobu ne parle jamais de ce que j'aimerais vraiment savoir.

On s'est séparés près de son bureau. La prochaine rencontre n'est pas pour tout de suite, je crois.

À la sortie de la gare, je suis rentrée par un nouveau chemin. Ça faisait un détour, mais j'avais envie de marcher sous la pluie fraîche de printemps.

C'est ainsi que j'ai rencontré le chat.

CHAPITRE 2

Chez elle, ça sent son odeur. Une odeur apaisante.

Le premier matin m'a surpris : jamais je ne m'étais réveillé dans un endroit aussi agréable. Elle était déjà debout, en train de faire chauffer de l'eau sur le gaz.

Je contemplais la vapeur d'eau qui s'échappait du bec de la bouilloire quand elle m'a dit bonjour.

Elle a ouvert les rideaux d'un geste vif. Les nuages étaient colorés par l'aube, c'était très beau.

Chez elle, c'est au premier étage d'un immeuble en haut d'une côte, d'où l'on voit les trains qui traversent le pont ferroviaire.

Ce jour-là j'ai appris que ce qui produisait ce grondement, c'était les trains.

Je voulais partager mon étonnement avec elle ; quand je le lui ai dit, elle m'a répondu avec un sourire :

— Oui. C'est chouette, hein, Chobi.

Chobi ?

— Chobi. Tu t'appelleras Chobi.

C'est la première fois qu'elle a prononcé mon nom.

Chobi. Il me plaît, ce nom. C'est elle qui l'a choisi. J'ai décidé de me souvenir de ce matin-là pour toujours.

Je suis tout de suite tombé amoureux d'Elle.

Elle est très belle, et gentille. Quand elle s'aperçoit que je l'observe, ses traits se détendent et elle me fait un petit sourire.

Avant de prendre son petit déjeuner, elle me prépare à manger.

Un bol de lait, de la pâtée et des croquettes croustillantes.

Pendant que je lape mon lait, elle s'accroupit, une grande tasse blanche et chaude serrée entre ses deux mains. Côte à côte, nous buvons la même chose.

Ses gestes sont calmes et gracieux, sa compagnie m'apporte de la sérénité.

Je vide seulement la moitié de mon écuelle (le reste, garde-le au cas où, me souffle mon instinct), puis je me roule par terre à côté d'elle, le ventre offert. Elle caresse doucement ma fourrure et je remue la queue, satisfait.

J'aime bien grimper sur son ventre quand elle est allongée par terre. Dans ces moments-là, en général, elle lit ; alors elle me caresse le dos en silence.

J'aime la regarder préparer la lessive. Ses affaires conservent son odeur ; je m'y enfouis, ivre de plaisir.

J'aime aussi quand elle étend le linge. Je l'accompagne sur le balcon et, pendant qu'elle met les vêtements à sécher, on regarde ensemble le vaste ciel bleu, les humains dans la rue et les voitures.

Au fond de mon panier, elle a déposé un pull, sur lequel je dors. C'est le pull blanc qu'elle portait lors de notre première rencontre.

Les premiers jours, mes propres miaulements me réveillaient en pleine nuit, à cause de rêves qui ne me laissaient aucun souvenir. Quand cela arrivait, elle était près de moi pour me prodiguer des caresses apaisantes.

Elle est pleine de douceur et de gentillesse.

Elle prépare ses repas elle-même.

J'aime bien quand elle fait de la soupe miso. Parce qu'elle me donne des petits poissons séchés. J'aime aussi quand elle mange du tofu. Parce qu'elle en profite pour mettre des flocons de bonite sur ma pâtée.

Quand elle cuisine, elle fredonne tout un tas de mélodies. J'adore l'entendre chanter.

— Chobi !

Elle m'appelle toujours comme ça. Ce nom me relie à elle et, à travers elle, au monde.

Chaque matin, je me lève à la même heure, je prépare mon petit déjeuner, je regarde la même émission de télé et je pars au travail au même horaire.

Depuis que je vis seule, je prends plaisir à mener une existence réglée comme du papier à musique. Savoir que je maîtrise quelque chose m'apaise.

L'arrivée de Chobi n'a pas tellement changé mon quotidien. Quand on avait eu un chien, chez mes parents, il réclamait de sortir par tous les temps, qu'il pleuve ou qu'il neige, c'était pénible ; un chat, ça demande beaucoup moins de travail.

Aujourd'hui, comme tous les jours, j'ouvre les yeux juste avant que le réveil sonne et je l'éteins. Je sens la présence de Chobi dans la pièce. Je saisis le thermomètre posé à la tête du lit. Depuis que je suis avec Nobu, je surveille ma courbe de température. Une fois l'habitude prise, c'est difficile d'arrêter, comme si cela allait gâcher toutes les données accumulées jusque-là.

Sous les rayons du soleil matinal qui entre par la baie vitrée, je prépare mon repas. Des petites boulettes de riz. J'en confectionne plus que nécessaire, le reste ira dans mon bento.

Je bois mon lait en compagnie de Chobi et puis je me change. Il se bat avec le pyjama que je viens d'enlever ; je le regarde faire, au risque d'oublier l'heure.

J'aime contempler son profil quand elle se maquille devant le miroir. Elle dispose devant elle de minuscules accessoires qu'elle utilise l'un après l'autre, d'une main assurée. Elle est toujours bien organisée. Son matériel une fois rangé, pour finir, elle se parfume ; la fragrance se diffuse dans tout l'appartement.

Son parfum a l'odeur de l'herbe mouillée après la pluie.

À la télé, la météo annonce le temps pour la journée.

Tous les jours, elle quitte la maison juste après.

J'adore sa silhouette quand elle part, le matin.

Elle noue sa longue chevelure en queue-de-cheval, enfile une veste de la couleur de ses cheveux et met des talons hauts.

Je la regarde, dans l'entrée.

Elle s'accroupit pour poser une main sur ma tête et me dire :

— Bon, à ce soir !

Puis elle se redresse et ouvre la lourde porte métallique.

Un rayon de soleil matinal entre par la porte ; je plisse les yeux.

À ce soir !

Avec un agréable claquement de talons, elle pénètre dans la lumière.

En savourant la sensation persistante de sa main sur ma tête, j'écoute le bruit de ses pas qui s'éloignent dans les escaliers.

Après lui avoir dit au revoir, je grimpe sur une chaise pour observer, de l'autre côté du balcon, les trains qui traversent le pont ferroviaire. Peut-être qu'elle est dans l'un d'eux.

Je regarde les trains tout mon soûl, puis je saute en bas de la chaise.

La pièce garde encore quelques traces de son parfum. Je me rendors, emmitouflé dans cette odeur.

Dans le train bondé, je pense à Chobi.

Quand il dort ou qu'il est occupé à quelque chose, concentré, j'ai beau l'appeler, il m'ignore totalement ; mais quand il a envie de se faire dorloter, il vient soudain s'allonger sur le dos pour que je lui caresse le ventre.

Si je l'enjambe sans réagir, il me dépasse en courant pour venir s'allonger une nouvelle fois devant moi, le ventre offert. C'est adorable.

Un sourire m'a échappé ; vite, je retrouve mon sérieux. Certains collègues et étudiants prennent le même train. J'aurais honte qu'ils voient mon air gaga.

Avoir quelqu'un qui vous attend à la maison, c'est chouette.

Mes yeux se posent sur la publicité d'une agence matrimoniale affichée au-dessus des portes.

La joie du mariage, c'est peut-être ça. Une joie qu'un chat peut vous apporter.

Parmi les amies de mon âge, une est déjà mariée. En même temps qu'elle obtenait son diplôme, elle a convolé avec son petit ami de la fac. La carte de vœux qu'elle m'a envoyée chez mes parents la représentait avec son mari et un nourrisson dans les bras. J'essaie de nous imaginer à leur place, Nobu et moi, et ça me paraît tellement irréel qu'un rire forcé m'échappe.

Je suis incapable de lui demander si on est ensemble, alors lui proposer de se marier, c'est mission impossible. À moins que… si je tombais enceinte, peut-être qu'il m'épouserait ?

Pour commencer, est-ce que moi, j'ai envie de me marier ?

Je m'imagine, plus vieille, dans un appartement peuplé de chats.

Un message enregistré annonce l'approche de la gare où je change de ligne.

Je me tiens droite, le plus possible, pour descendre du train.

Je travaille pour une école d'art et de design, au sein de l'administration. Arrivée à l'école, je m'installe à mon bureau. Vu mon métier, je suis entourée de paperasses et de documents volumineux. Une pile de documents qui dépasse du bureau d'un collègue a renversé mon pot à crayons. Si je lui en fais la remarque, je vais passer pour une maniaque, ça craint. Nos bureaux sont trop petits. C'est ce que je me répète en allumant mon ordinateur.

À mon réveil, je m'étire de tout mon long et je décide de partir en promenade.

Je passe par une ouverture dans le mur prévue pour le chauffage au gaz ou je ne sais quoi, qui débouche sur le balcon. Elle a eu l'idée de la transformer en chatière, pour quand il me prend l'envie de sortir.

— Quand tu seras plus grand, tu ne passeras peut-être plus. On verra ce jour-là, avait-elle dit.

Mais comme nous les chats, on se faufile sans peine dans des endroits bien plus étroits qu'elle ne l'imagine, ce n'est pas pour tout de suite.

Il fait beau aujourd'hui. Il souffle une agréable brise. Entre les barreaux du balcon, j'observe le flot des trains et des voitures, les humains qui passent. Après m'être assuré que le monde continue à tourner, je rejoins les escaliers en traversant la véranda voisine, et la suivante encore.

Dehors, il y a des tonnes d'odeurs. Des exhalaisons d'humus, les effluves d'autres êtres vivants apportés par le vent, des odeurs de cuisine, des relents de pots d'échappement et de détritus.

Arrivé en bas, je lève la tête vers son appartement. Elle habite un petit bâtiment à un étage flanqué de grands immeubles. Même si les fenêtres alignées sont toutes les mêmes, celles de chez Elle m'apparaissent différentes.

Je fais le tour du bâtiment. Chez les chats, c'est chacun son secteur. Le mien se limite aux alentours de l'immeuble. Je renifle les odeurs ici et là, vérifie que d'autres chats ne se sont pas approchés et marque mon territoire.

Honnêtement, moi, ces questions de territoire, je m'en moque un peu, mais c'est l'instinct qui me le dicte, je ne peux pas m'en empêcher.

Normalement, ma patrouille du matin prend fin là. Mais maintenant que je connais un peu mieux le coin, l'idée me vient d'élargir mon domaine.

Vers le haut de la côte, dans la direction opposée au pont ferroviaire. Parce que de ce côté-là, je n'ai pas repéré l'odeur d'un autre chat.

Un grand territoire, c'est mieux. C'est notre instinct. Mais je n'ai pas envie de me causer des problèmes avec un congénère.

Pour éviter de me faire écraser par une voiture ou embêter par des humains, je choisis de préférence des chemins en hauteur ou très étroits. En haut d'un mur ou sous une haie, par exemple.

J'ai fini par arriver devant une maison au jardin verdoyant.

J'ai tout de suite compris pourquoi aucun chat ne régnait ici. Parce qu'il y a un gros chien.

Visiblement âgé, il a de longues oreilles et un pelage noir et blanc.

Les chiens, en théorie, ne réservent pas un bon accueil aux chats. Je m'apprêtais à filer quand, comme de bien entendu, il m'a adressé la parole.

— Ça faisait longtemps, Shiro.

Son ton était tellement nonchalant que j'ai cligné des yeux, surpris. Il n'avait pas l'air supérieur qu'adoptent souvent les gros chiens.

— … Bonjour, ai-je timidement répondu.

— Tu es toujours aussi belle.

Belle ? On dirait bien que les chiens ne savent pas faire la différence entre les garçons et les filles.

— Euh, je suis un garçon, ai-je répliqué, piqué au vif.

Cela, bien entendu, après m'être assuré qu'il était attaché.

— Ah bon, vraiment ? a-t-il répondu.

Puis, sans paraître le moins du monde embarrassé :

— Eh bien, tu es un beau gars, a-t-il dit alors qu'il n'en pensait pas un mot.

Je l'ai remercié sans faire de chichis. C'était un drôle de chien. J'étais curieux d'en savoir plus.

— Je ne m'appelle pas Shiro, mais Chobi.

Il a ouvert de grands yeux.

— Ah bon, Chobi, dis-tu… Tu n'es pas Shiro ? Désolé de mon erreur. C'est qu'ici, c'était son territoire.

En entendant ça, j'ai été déçu. La place était déjà prise, c'est pas rigolo.

— Mais il n'y a pas de chat, ici. Ça ne sent rien.

— C'est sûr. Parce que je protège le coin, je ne laisse approcher personne d'autre.

Il disait des trucs bizarres.

— Un chien qui protège le territoire d'un chat ? C'est une première.

— Je l'ai promis à Shiro.

— Et cette Shiro, alors, où est-elle ?

— Ça fait un bout de temps que je ne l'ai pas vue. La dernière fois, elle était enceinte.

D'accord. Même moi, j'avais compris, là.

Une chatte toute blanche, exactement comme moi…

— Alors, c'est sans doute ma mère, me suis-je forcé à répondre.

Je m'étais retrouvé tout seul et il n'y avait pas d'odeur de chat en haut de la côte : ces deux faits avaient la même cause. Shiro n'était plus de ce monde.

Avec un gros soupir, le chien a dit :

— John.

— John ?

— C'est mon nom. Je vais t'expliquer quelque chose d'important. Une chose que tu dois savoir, a-t-il lancé d'un ton grave.

— J'ai compris, John.

— Chobi, est-ce que tu as reçu plein d'amour de Shiro ?

— Je ne m'en souviens pas. J'espère que oui.

— Je vois…

Il s'est tu un instant.

— Shiro et moi, on était comme des amoureux.

Cette conversation n'avait ni queue ni tête.

— Des amoureux ? ai-je demandé.

— Toutes les femmes que je trouve belles sont mes amoureuses.

— D'accord…

— Shiro avait la même jolie fourrure blanche que toi, s'est remémoré John, rêveur.

— Merci.

Si j'ai un beau pelage, c'est parce qu'Elle s'occupe de l'entretenir.

— Shiro s'inquiétait pour toi et tes frères et sœurs sur le point de naître.

L'entendre m'a fait chaud au cœur.

— Désormais, Chobi, ce territoire est le tien.

— Vraiment ? Je peux ?

— Je pense que ça ferait plaisir à Shiro. C'est aussi une preuve de son existence.

— Merci, John.

— C'est pour ma belle amoureuse.

Il a bâillé, la gueule grande ouverte.

— Reviens me voir quand tu veux.

La discussion semblait close. John s'était endormi, la tête sur ses pattes avant.

En descendant la côte à petits pas pressés, je me suis fait la réflexion que c'était une drôle d'histoire.

Ce jour-là, alors que j'étais sur le point d'être rayé de la carte, Elle m'avait tendu la main et j'avais eu la chance de survivre. Ensuite, en me promenant le nez au vent, j'avais rencontré John par hasard... Il m'avait parlé de ma mère et j'avais hérité de son territoire.

Moi qui avais failli être effacé de l'univers, je me sentais entrer en phase avec lui.

J'étais de retour en ce bas monde.

Pause déjeuner. Après avoir mangé mon bento à mon bureau, je suis allée dans un petit café près de l'école. C'est un peu cher ici, alors les étudiants n'y viennent pas ; je peux me détendre.

Mon café commandé, j'ai réalisé que je n'avais pas encore parlé de Chobi à Nobu.

En temps normal, je ne lui téléphone que très rarement. Parce qu'il a toujours l'air très occupé, mais ce n'est pas la seule raison. J'ai peur. De ne pas savoir quoi dire, de raconter n'importe quoi et qu'il ne m'aime plus à cause de cela.

Mais à propos de Chobi, je crois que je serais intarissable.

Nobu aime-t-il les chats ? Ou alors les déteste-t-il ?

Je n'en ai aucune idée. Malgré tout ce qu'il me raconte, jamais il n'a abordé ce sujet.

Je lui ai téléphoné à partir du journal des appels de mon portable. Notre dernière conversation remontait à un bout de temps. Dire qu'avant, on s'appelait plusieurs fois par jour. Au bout de quelques sonneries, l'appel a basculé sur sa boîte vocale : *Votre correspondant est indisponible. Pour laisser un message…*

Mon enthousiasme est soudain retombé. J'ai coupé la communication sans laisser de message.

Avec un soupir, je me suis renfoncée dans le canapé du café.

Mon portable a vibré et je me suis dépêchée de regarder l'écran : c'était un texto de Tamaki.

Un message bourré d'énergie et d'émojis : *Je viens pour la Golden Week !*

Cette façon de s'imposer aussi, c'était tout elle. J'ai répondu *Je t'attends…* C'était un peu sec, alors j'ai aussi envoyé une photo de Chobi.

Le serveur m'a apporté mon café. J'en ai bu une gorgée et je me suis décidée à écrire un texto à Nobu. Il ne m'en envoie presque jamais. Parce que quand il a quelque chose à dire, il préfère le faire de vive voix.

J'ai recueilli un chat. Il s'appelle Chobi.

J'avais réfléchi un moment, mais au bout du compte, c'était plat. J'y ai joint une photo de Chobi. J'ai pensé à en envoyer une de moi aussi, avant d'abandonner l'idée.

Sur chaque photo, Chobi montrait son ventre.

Elle rentre toujours à la même heure.

Quand j'entends ses talons marteler le béton des escaliers, je me précipite dans l'entrée pour l'attendre. Elle finit par ouvrir la lourde porte et apparaître.

Je miaule :

— Coucou !

— Me voilà, répond-elle.

Elle me caresse la tête en enlevant ses chaussures. Parfois, elle en profite pour me prendre dans ses bras. De retour de l'extérieur, elle est imprégnée de plein d'odeurs différentes.

La senteur d'autres humains, les exhalaisons de lieux où je ne suis jamais allé. Les arômes d'atmosphères inconnues. Je renifle avec délices les multiples odeurs qu'elle rapporte et je frotte ma nuque contre ses chevilles. Pour raviver ma propre odeur, qui s'est atténuée.

Aujourd'hui, j'ai des tonnes de choses à lui raconter.

Ma rencontre avec John, le territoire de ma mère, mon avis sur les nouvelles odeurs qu'elle rapporte.

Tout en m'écoutant, elle m'ouvre une conserve pour le dîner et se met aux fourneaux.

Je lui parlais de ma mère à grands coups de miaous en mangeant ma pâtée quand son téléphone a sonné.

C'était peut-être Nobu.

J'ai coupé le gaz, posé mes baguettes de cuisine et attrapé mon portable. Hélas, le nom affiché à l'écran était celui de ma mère.

— Allô ?

Chobi se faisait les griffes à grand bruit sur son griffoir en carton. La sonnerie du téléphone l'avait peut-être surpris, il paraissait grognon.

— Eh bien, Miyu, tu n'as pas l'air très en forme.

Ma mère avait sans doute senti ma déception.

— Non, ça va.

— Je sais, tu pensais que c'était ton copain et comme ce n'est que moi, tu es déçue.

Elle avait tellement mis dans le mille que je ne savais pas quoi répondre.

Comme je me taisais, elle a repris :

— Depuis quand tu as un copain ? Il faut me le présenter ! Dis-moi, il est bel homme ?

— Arrête de dire n'importe quoi !

— Bon, tant pis. Et alors, qu'as-tu prévu pour la Golden Week ?

— Une amie vient me voir.

— Ah, ton copain, donc.

— Une amie, je te dis ! Tamaki, ma copine de fac.

— D'accord, c'est Tama. Eh eh ! Moi ça va, mais ton père est tout triste, alors n'oublie pas de nous rendre visite de temps en temps.

— Oui.

— Tu as assez de riz ?

— Oui.

— Zut alors, je viens de t'en envoyer.

J'aurais préféré qu'elle me pose la question avant…

— Tu as besoin de quelque chose ?

— Pas spécialement.

— Bon, eh bien au revoir, alors.

Elle a raccroché. Ma mère n'écoute jamais ce qu'on lui dit, elle est comme ça. C'est incroyable qu'une telle femme ait donné naissance à une fille comme moi. Tout de même, ça m'a un peu changé les idées. Elle m'a transmis de son énergie.

J'en ai profité pour envoyer un court texto à Nobu.

Qu'est-ce que tu fais pour la Golden Week ?

La réponse est arrivée pendant que je faisais cuire des nouilles udon.

Je travaille, désolé.

Trois mots, pas un de plus. Et pas de réaction à la photo de Chobi.

Pff. Un soupir m'a échappé.

J'ai versé la moitié d'un sachet de flocons de bonite séchée sur les nouilles trop cuites à force d'éteindre et de rallumer le feu, et j'ai parsemé le reste sur la pâtée de Chobi.

L'odeur l'a ravi. C'était jour de fête.

Alors que je triais les photos prises avec mon portable, je suis tombée sur une photo de Nobu et moi. Nous deux et la mascotte du plus célèbre parc d'attractions du Japon.

La regarder m'a déprimée.

Chobi a grimpé sur mes genoux pour glisser son museau entre la table et moi.

— Ça, c'est moi.

Sur la photo, je faisais la tête de quelqu'un qui n'est pas à sa place.

— Et là, c'est mon amoureux.

J'ai décidé d'être claire avec Chobi. Il a contemplé la photo, médusé.

La nuit, à l'heure de ma ronde, je me suis réveillé. Elle était encore debout, en train de pianoter sur son portable à la lumière d'une petite lampe. C'est rare qu'elle se couche si tard. Comme elle était en pyjama, je pense qu'elle avait bien pris son bain.

J'ai fait le tour de sa chambre, discrètement, pour ne pas la déranger ; tout allait bien. Après avoir bu un peu d'eau et avalé le reste de mon dîner, j'ai grimpé sur ses genoux.

— Non, tant pis, a-t-elle murmuré en effaçant les mots qu'elle venait d'écrire sur son téléphone.

J'ai levé les yeux vers elle : elle faisait la même tête que sur la photo qu'elle m'avait montrée pendant le dîner. Un sourire un peu contraint.

Moi aussi, j'aimerais savoir lire. Voilà à quoi j'ai pensé en m'installant dans le panier où son pull m'attendait, et je me suis endormi.

CHAPITRE 3

Pour la Golden Week, Tamaki m'a rendu visite. On avait parlé de faire un petit voyage, mais comme j'ai un chat, on a décidé de rester chez moi.

J'ai préparé à manger et on a trinqué avec des canettes de bière, devant les DVD qu'elle avait apportés. On a parlé de tout et de rien.

Chobi l'a tout de suite acceptée, il se laissait caresser le ventre.

— Il n'est pas très fidèle ! s'est exclamée Tamaki en riant.

— Les amis, c'est ce qu'il y a de mieux… ai-je dit.

— Ah, les hommes, a-t-elle lancé, soudain renfrognée.

Le garçon qui lui plaisait, un peu obtus, ne comprenait pas qu'elle avait le béguin pour lui.

Je ne lui avais pas encore dit, pour Nobu. J'avais pensé lui en parler quand on se serait mis ensemble pour de bon, mais les jours avaient filé sans que j'en sois vraiment sûre… Finalement, je n'avais pas réussi à le lui dire.

Tamaki n'a passé qu'une nuit chez moi, mais j'ai ri pour un mois. Grâce à elle, le cafard de ces derniers temps s'est dissipé et je me sens un peu plus prête à faire face.

À l'école, il y a une fille qui dessine étonnamment bien.

D'après les profs les plus expérimentés, chaque année, on voit débarquer un ou deux étudiants au talent manifeste. Celle-ci s'appelle Reina et elle est très forte pour peindre la nature dans des couleurs qui n'existent pas. J'attends toujours avec impatience de voir ce qu'elle va soumettre.

Elle rend ses devoirs sans faute, mais malgré tout, elle n'a pas bonne réputation parmi les enseignants et les étudiants. À cause de son attitude en cours.

— Miyu, vous avez un petit ami ?

Reina s'adresse à moi exactement comme si nous étions copines. Pour mes collègues, cela prouve qu'elle m'aime bien.

— *No comment.*

J'ai assez de bouteille désormais pour ne pas me laisser troubler.

— Vous ne croyez pas que Masato est amoureux de vous ? a-t-elle repris. Son portrait de l'autre jour, c'était vous tout craché.

C'était le nom d'un garçon de sa classe. Ce genre de remarque montre bien qu'elle est encore une gamine.

— Ne t'en fais pas pour moi, dépêche-toi plutôt de rendre tes devoirs.

— Pigé !

Le dessin qu'elle m'a remis était magnifique, comme toujours.

Elle est repartie en classe et, intriguée, j'ai cherché le portrait réalisé par Masato. C'était à elle qu'il ressemblait, bien plus qu'à moi.

M. Kamata, un professeur âgé, s'est emparé du dessin de Reina.

— Le talent, c'est plus difficile à garder qu'à cultiver. Comme dans le poème de Kenji Miyazawa : *Dons, forces et talents ne sont pas de ces choses qui s'éternisent entre nos mains…*

Les yeux perdus dans le vague, il a ajouté :

— *Les gens non plus ne s'éternisent pas auprès de nous.* C'est comme ça.

Ces mots m'ont paru terriblement lourds de sens.

L'été est arrivé et je me suis fait une copine.

Mimi la chatonne.

Je l'ai découverte au détour d'une promenade. Elle se baladait sur mon territoire. Les chats plus petits que moi sont rares alors je n'ai pas eu le cœur de la chasser, et j'ai décidé de la laisser en paix. Elle finirait bien par partir.

Dès le lendemain, elle s'est mise à me suivre pendant mon inspection quotidienne. Pour éviter les rayons mordants du soleil, j'avançais à couvert, à la recherche d'ombre, et, au bout d'un moment, j'ai remarqué que Mimi me collait aux basques.

Ça m'enquiquinait de lui parler, alors je n'ai rien dit.

À l'approche de la maison de John, les cigales dans les arbres se sont mises à striduler tout d'un coup ; ça m'a un peu impressionné.

— Dis, tu sais ce que c'est, ces voix ? a demandé Mimi.

— C'est juste un chant d'insectes, ai-je répondu.

Elle a pris un malin plaisir à me contredire :

— T'as tout faux !

— C'est quoi, alors ?

— Ça… c'est les voix qui appellent la pluie, a-t-elle chuchoté comme si elle me révélait un secret.

— Tu mens.

— Attends, on va voir ça.

Côte à côte, Mimi et moi avons attendu la pluie…

Qui a vraiment fini par tomber.

— J'ai gagné. Alors, tu me dois un gage.

— Je ne me rappelle pas avoir parié quoi que ce soit…

— Pas grave. Comme j'ai gagné, je décide que demain on se reverra.

Elle s'est frottée contre moi. D'un bond, je me suis écarté.

— Euh… d'accord.

— Promis ?

Le lendemain, Mimi et moi nous sommes promenés ensemble, les cigales ont chanté et il a plu.

Ça n'a rien d'exceptionnel. En été, une averse à la fin de l'après-midi, c'est banal. Le surlendemain encore, Mimi m'attendait pour la promenade.

Elle est très forte pour obtenir ce qu'elle veut.

Par exemple : un jour, elle m'a guidé vers un vieil immeuble en bois.

On a longé les territoires d'autres chats, ce qui me rendait nerveux, mais Mimi n'avait pas l'air de s'en faire.

Des volets de guingois se sont ouverts, laissant apparaître une jeune humaine. Elle ne portait pas de maquillage et avait les cheveux courts. Ce n'était pas trop mon genre.

— Te voilà encore, toi ?

L'humaine s'est approchée. Vite, je me suis réfugié sous une voiture toute proche, mais Mimi avait l'air sûre d'elle.

— Je te présente Reina.

« Attends une minute », a dit Reina, et elle est revenue avec de la nourriture. Une boîte de conserve, mais à l'odeur totalement différente de ce que je mange d'habitude.

— Tiens, voilà ton repas. Vous partagez, hein ?

Mimi m'a fait une petite place et j'ai prudemment goûté à la nourriture. C'était la première fois qu'un humain autre qu'Elle me nourrissait. La pâtée était grasse, avec un goût entre poulet et poisson – une première pour moi.

Sur le chemin du retour, nous sommes passés près d'une grande tour métallique ; tout en haut, des oiseaux avaient fait leur nid.

— Tu l'attrapes ? a dit Mimi, les yeux sur un oiseau.

— Qu'est-ce que tu veux en faire ?

On avait le ventre plein.

— Je le veux, c'est tout.

Elle battait de la queue. Elle était vraiment motivée.

— Je n'arriverai pas à l'atteindre.

— Dégonflé !

Mimi est une gamine. J'ai décidé d'ignorer ses piques.

— T'es nul !

Sur ces mots, elle est partie. Y a pas à dire, moi, je préfère les humaines plus mûres.

Un autre jour, encore. Pendant la promenade, on faisait une pause sur du béton bien frais à l'ombre quand Mimi s'est mise à m'enquiquiner. Ça la prenait n'importe où.

— Hé, Chobi.

— Quoi, Mimi ?

Elle m'a grimpé dessus. J'ai roulé sur le côté.

— Viens, on se marie.

— Mimi, je te l'ai déjà dit et répété, j'ai une amoureuse humaine, ai-je répondu, sa grande silhouette à l'esprit.

— Menteur.

— Non, je ne te mens pas, ai-je protesté, Mimi toujours sur moi.

— Présente-la moi.

— Non.

Parce que je suis son chat à Elle.

— Pourquoi ?

— Écoute, je te l'ai déjà dit, mais… ce sujet, tu n'es pas assez grande pour l'aborder.

Mimi est encore toute petite.

— Dégonflé !

De dépit, elle a fouetté l'air de sa queue.

— Toi aussi, tu as une maîtresse. C'est un peu la même chose.

— Reina n'est pas ma maîtresse. Elle me donne à manger, c'est tout.

— Alors, elle est quoi pour toi ?

— Je ne sais pas.

On a continué à bavarder de tout et de rien.

Très haut dans le ciel d'un bleu limpide, de gros nuages blancs moutonnaient.

Aujourd'hui encore, les cigales stridulaient de toutes leurs forces. Mimi a léché sa patte avant pour se débarbouiller. Maintenant, on arrive à deviner l'approche de l'averse.

— Je vais rentrer avant qu'il se mette à pleuvoir.

— Tu reviendras me voir, hein ? a-t-elle lancé, l'air accablé.

— Bien sûr que oui.

— C'est promis ? Pour de vrai ? Tu viendras vraiment, hein ?

À force de la rassurer encore et encore, quand je me suis mis en route, des gouttes tombaient déjà.

Elle m'a sagement regardé partir avant de disparaître soudain. Elle était sûrement partie vers le petit immeuble en bois.

Le ciel tout à l'heure si vaste était maintenant bouché par des nuages bas et noirs.

La pluie à mes trousses, je songeais que j'aurais bien aimé qu'Elle soit aussi forte que Mimi pour obtenir ce qu'elle veut.

Cet été-là, j'ai perdu ma meilleure amie.

Il y avait eu des signes annonciateurs… je crois. J'avais repoussé mes inquiétudes, évité d'aborder le sujet qui s'imposait, et voilà ce qui était arrivé. Tout était de ma faute.

J'avais simplement eu peur de savoir.

Un jour – pendant les vacances –, Chobi s'est comporté bizarrement dès le matin. Peut-être mon état d'esprit avait-il déteint sur lui. Il courait dans tous les sens à travers l'appartement.

Tamaki est venue me voir. On bavardait de tout et de rien, comme d'habitude, quand, profitant d'un silence, elle a soudain lancé :

— J'étais amoureuse de lui.

J'en ai eu le souffle coupé.

J'aurais dû lui poser la question avant de me mettre avec Nobu.

— Tu le savais, n'est-ce pas ? Ça n'est pas possible autrement.

Elle ne m'avait jamais dit qu'elle aimait Nobu.

L'envie de m'en prendre à la fois à elle – je ne pouvais pas deviner, tu aurais dû me le dire ! – et à moi-même – tu aurais dû le savoir, vu l'ambiance – s'est emparée de moi.

C'était toujours pareil. Je n'arrivais jamais à comprendre ce que les autres saisissaient du premier coup, à lire entre les lignes ; je ne faisais que flotter à la surface de cet océan de mots.

Si j'avais su que Tamaki était amoureuse de Nobu, on n'en serait pas arrivées là.

J'aurais voulu le lui dire, mais je ne trouvais pas les mots, alors je me suis contentée de répondre :

— De toute façon, ça ne va plus avec Nobu.

Tamaki me dévisageait d'un regard effrayant. C'était la première fois que je lui voyais une telle expression.

J'ai gardé le silence ; Chobi a cessé de se rouler par terre et de montrer son ventre pour lever vers moi des yeux inquiets. Ses coussinets froids effleuraient mon bras.

Tamaki a récupéré tout ce qui lui appartenait, puis elle est partie. Dans le tas, il y avait un gros robot de cuisine que je lui avais emprunté sans jamais l'utiliser. C'était un truc qu'elle avait gagné au loto lors d'une fête de mariage, m'avait-elle dit quand elle l'avait apporté.

Quand je l'ai vue quitter mon appartement, cette grosse boîte dans les bras, j'ai compris que j'avais perdu ma meilleure amie.

À force de téléphoner quotidiennement, au bout du troisième jour, il a fini par décrocher.

— On était ensemble ?

J'y étais enfin parvenue. Peut-être parce que j'étais nerveuse, j'avais la voix tout éraillée, mais j'étais arrivée à poser la question qui me pesait depuis longtemps. Il m'en avait fallu, du temps, pour une simple question – qu'il m'a aussitôt retournée :

— Parce que ce n'était pas le cas ?

Pour la première fois, j'ai trouvé qu'il exagérait.

— Ça ne peut pas continuer comme ça, ai-je annoncé.

— Tu as quelqu'un d'autre ?

Nobu a posé la question d'une voix égale.

— Non.

— Dans ce cas…

Il s'est mis à parler de son ton habituel, calme et doux. Avec le recul, le moindre de ses mots m'est apparu superficiel, impossible à croire. L'océan de ses paroles, qui m'avait semblé si magnifique, ne valait pas grand-chose.

— Je n'ai pas envie de t'écouter.

Les mots m'avaient échappé, avant d'avoir le temps de réfléchir ; j'ai compris que c'était vrai. Après, ils n'ont cessé de jaillir. Comme pour combler le vide jusqu'à présent.

Peut-être qu'en réalité, j'avais deviné les sentiments de Tamaki. Mais j'avais préféré faire comme si de rien n'était.

C'est pour ça que je n'avais pas réussi à poser la question à Nobu. À lui demander si nous formions un couple. Parce qu'officialiser notre relation serait revenu à trahir Tamaki.

J'en avais souffert. Mais lui avait profité de la situation, n'est-ce pas ?

— Je ne savais pas que tu étais capable de parler autant.

Cela a été ses derniers mots.

Voilà comment j'ai perdu ma meilleure amie et mon amoureux.

La nuit était déjà bien avancée. On entendait la pluie battre contre le ciment du balcon.

Après un long, un très long coup de fil, elle a pleuré.

Je ne sais pas pourquoi. C'est la première fois que je la voyais dans cet état.

Le visage enfoui entre ses genoux, elle a longuement pleuré.

Ce n'est pas de sa faute, à mon avis.

Je suis le seul à tout savoir d'elle.

Elle est toujours plus gentille et plus belle que quiconque, et elle met plus d'application à vivre que n'importe qui d'autre.

— Dis, Chobi… a-t-elle lancé sans essuyer ses larmes.

Elle s'est accroupie à côté d'une chaise renversée ; du portable qu'elle gardait serré dans sa main s'élevait la morne tonalité qui signale qu'on a raccroché.

— Chobi, tu es là, hein ?

Lorsqu'elle m'a effleuré du bout des doigts, son chagrin m'a traversé le corps, comme une décharge électrique.

La lumière froide de l'éclairage public qui filtrait entre les rideaux tombait sur nous.

J'entendais sa voix.

— Dis, Chobi…

J'ai compris que le lien entre elle et quelqu'un qu'elle aimait s'était rompu.

— Tu m'aideras, Chobi, d'accord ?

Elle a encore pleuré, longtemps.

Le monde a continué de tourner dans des ténèbres sans fin, avec nous à bord.

La fin de l'été approchait.

Des cigales à la drôle de voix sont apparues ; leur chant fait « kana kana ». Mimi et moi, on essaie de les imiter, mais ça n'est pas facile.

Tout ce qu'on arrive à faire, c'est « miamia miamia » ou « miaaa miaaa ».

Depuis ce fameux jour, Elle ne va pas bien ; elle a fait couper sa longue chevelure.

Avec ses cheveux courts teints dans une nuance claire, elle est très belle.

Si seulement son visage aussi pouvait s'éclaircir…

La journée, pendant qu'elle n'est pas là, je rends visite à John le chien.

Ces derniers temps, on est devenu copains, il me parle de tout un tas de choses.

C'est un puits de science et tout ce qu'il me raconte m'est utile.

Au début, je croyais qu'il ne voulait pas m'écouter, mais depuis que j'ai compris qu'il est un peu sourd, on s'entend mieux.

— Salut John.

— Salut Chobi, toujours aussi beau gosse, hein.

Comme à son habitude, il était dans sa niche, dans sa pose préférée, la tête sur ses pattes de devant croisées. On aurait dit une statue.

— C'est à propos d'Elle, j'aimerais bien pouvoir panser son cœur.

— Chobi, je te l'ai pourtant déjà dit : c'est quasiment impossible.

John a pris un air chagrin.

— Parce que ni toi ni elle ne vous en souvenez, n'est-ce pas ?

— Se souvenir ? De quoi ?

— Moi, je me rappelle l'instant de la création de la vie. C'est pour ça que je ne connais pas la tristesse.

— La création de la vie ?

— Comment dire… à ton avis, pourquoi chez les animaux, y a-t-il des hommes et des femmes ? Tu t'es déjà posé la question ?

Il y a des garçons et des filles, c'est comme ça ; je n'y avais jamais réfléchi. Voilà ce que j'ai répondu, en toute honnêteté, et John a poussé un soupir gonflé d'aise.

— Avant la séparation entre hommes et femmes, on vivait une époque heureuse, où la tristesse n'avait pas sa place.

— Ça veut dire que maintenant, on ne peut plus être heureux ?

— Mais non, voyons.

L'air transporté, John a repris :

— La vie s'est divisée en deux pour survivre.

— Pour survivre ?

— La vie, divisée en deux sexes, est devenue plus forte qu'avant.

— C'est pas du tout l'impression que ça donne.

J'ai repensé à Elle qui pleurait. Non, elle n'avait vraiment pas l'air forte.

— La force de l'amour, ce qu'on peut appeler la puissance d'attraction vers autrui, cette force dont la contrepartie est la tristesse, a consolidé l'espèce animale.

Je n'ai pas franchement tout compris à ce que racontait John, mais si ça voulait dire qu'Elle n'était pas triste pour rien, que son chagrin n'était pas perdu, alors tant mieux.

— Moi, je me rappelle l'époque heureuse où la tristesse nous était inconnue. À ce moment-là, tout était un. Notre monde, simple pour commencer, s'est peu à peu complexifié pour évoluer vers celui que nous connaissons aujourd'hui. Sais-tu qu'au départ, il était composé d'un tout petit nombre d'éléments ? Tout au long d'un temps infini, des étoiles sont nées et mortes qui, en disparaissant, ont engendré divers éléments. Les molécules apparues à ce moment-là circulent aujourd'hui encore dans notre sang. Et aussi dans les gènes à l'intérieur de nos cellules, dans le sol, dans les trains que tu aimes tant. Je me rappelle tout ça.

— Dans mon corps aussi, il y a des choses qui sont nées d'une étoile ?

— Bien sûr que oui. Et dans celui de ta maîtresse. C'est parce que vous l'avez oublié que vous êtes si tristes, a conclu John.

Le soir même, j'ai regardé le ciel étoilé.

S'il disait vrai, cela signifiait qu'au début, nous n'étions qu'un.

Elle est venue s'accroupir près de moi.

D'après John, la lumière de chaque étoile est pareille au soleil. Quand j'y réfléchis, j'ai la tête qui tourne, alors je ne m'attarde pas trop sur les détails.

Comme j'aimerais pouvoir le lui dire, à Elle.

Côte à côte, nous scrutons les astres.

Au loin, la rumeur des trains sur le pont ferroviaire. Ce grondement qui fait avancer le monde. Notre étoile continue de tourner, avec nous à bord.

CHAPITRE 4

Les saisons ont passé ; c'est maintenant l'hiver. Les premières neiges de ma vie, j'ai l'impression de les connaître depuis toujours.

À chacune de mes respirations, la vitre s'embue et je ne vois plus rien.

La lumière du distributeur automatique de boissons sur le trottoir filtre à travers la buée, c'est très joli.

Le feu tricolore et la boîte aux lettres sont recouverts de flocons tout blancs, on dirait qu'ils viennent de renaître.

En hiver, le jour se lève tard, alors quand Elle part au travail, il fait encore sombre dehors.

Sa tête aux cheveux coupés court, vue de dos, est ronde comme celle d'un chat. Quand elle est emmitouflée dans son épais manteau, la ressemblance est encore plus frappante.

— À ce soir, dit-elle comme d'habitude en me caressant la tête.

Elle ouvre la lourde porte métallique. Une bouffée d'air froid entre, chargée d'une odeur de neige.

De lourdes bottes aux pieds, elle se met en marche.

La porte se referme avec un claquement, elle tourne la clé et descend les escaliers.

Je l'imagine presque souffler de son haleine blanche sur ses fins doigts glacés.

Loin au-dessus d'elle qui foule le sol couvert de neige flottent de lourds nuages d'où s'échappent lentement les flocons qui lui tombent dessus.

Moi, j'attends son retour chez nous, dans notre appartement.

Je suis désormais capable de sauter directement sur la table. Dessus, il y a une image de couronne de Noël qu'elle a découpée dans un magazine.

Je regarde par la fenêtre. Dans la ville recouverte d'un manteau blanc se dresse une tour métallique pareille à un géant sombre.

La neige étouffe les bruits.

Mais le grondement du train qui la transporte, lui, arrive à mes oreilles dressées bien droit.

Le battement du cœur qui fait avancer le monde.

Alors que tout change, ce pouls immuable me semble bienvenu.

Je suis impuissant à résoudre ses problèmes à Elle.

Je ne peux qu'être à ses côtés, à vivre mon propre temps.

DEUXIÈME PARTIE

LA FLEUR DES DÉBUTS

CHAPITRE 1

C'était par un long après-midi d'été baigné du parfum des fleurs de camphre. Dans son appartement mal exposé, à l'ombre du camphrier devenu trop grand, elle préparait ses couleurs avec de l'huile qui sentait la résine de pin. Face à un cadre tendu d'une toile blanche, elle a pris une grande inspiration et fermé les yeux.

Dans ce quartier résidentiel calme, le petit immeuble décrépi était le seul où l'on entendait du bruit, même en journée.

Les notes tirées d'instruments de musique dont les locataires jouaient à leur guise, les commentaires sportifs diffusés par un poste de radio, le grincement des marches de l'escalier rouillé… Et pour couronner le tout, ça sentait bizarre. Le genre d'endroit dont jamais un chat normal ne se serait approché.

Nous les chats, on n'aime ni les parfums forts ni les odeurs bizarres, et on déteste les lieux bruyants.

C'est pour ça que j'étais sereine. Ici, personne ne viendrait m'embêter.

Et puis comme je n'entends pas très bien, leur boucan ne me gêne pas du tout.

Le bâtiment est entouré d'un jardin que nul n'entretient. Juchée sur l'une des branches du grand camphrier qui y a poussé comme de la mauvaise herbe, je l'observe.

Immobile, elle garde les yeux fixés sur la toile blanche.

Moi, je suis née au début de l'été, alors je ne comprends pas encore bien ce que fabriquent les humains, mais rester comme ça à scruter une toile blanche, ça ne me paraît pas franchement normal.

Enfin, elle a esquissé un mouvement.

Sans hésiter, elle a tracé une épaisse ligne noire au milieu de la toile.

Un frisson m'a traversée.

Son geste était si puissant que ma queue s'est dressée, toute droite.

Elle est géniale. Elle est petite et maigrichonne, avec des cheveux d'une drôle de couleur, mais elle est géniale.

Jusqu'à ce que le soleil se couche et que les lampadaires s'allument, elle a continué à coucher des couleurs sur la toile blanche. Sur un simple cadre, un paysage jamais vu prenait forme.

Soudain, elle m'a regardée.

Son regard était tellement perçant que je me suis retrouvée paralysée, comme épinglée.

— Mimi !

Elle m'a appelée Mimi.

Jusque-là, les autres humains ne m'avaient jamais dit que « va-t'en », ou alors ils me traitaient de « voleuse », de « sale greffier ».

Sans faire mine de me chasser, elle m'a donné à manger. La boîte de poisson à l'huile était délicieuse, mais surtout, j'étais contente qu'elle m'ait donné un nom.

Alors, j'ai décidé que désormais, je m'appellerais Mimi.

Elle ressemblait comme deux gouttes d'eau au chat qu'on avait quand j'étais gamine.

Ma petite Mimi. Une chatte toute blanche, mignonne comme tout. Qui attendait toujours mon retour de l'école, postée à une fenêtre de l'étage. Qui, lorsque je dessinais sur une feuille blanche étalée sur mon bureau, sautait dessus pour réclamer des caresses. Se roulait sur la peinture encore fraîche, teignant de couleurs vives sa belle fourrure blanche.

À l'heure du repas, elle miaulait, perchée sur l'armoire à vaisselle ; elle essayait de participer à la conversation, c'était adorable.

D'ailleurs, à l'époque où Mimi était là, papa et maman vivaient encore ensemble. On prenait le petit déjeuner en famille, je racontais ce qui m'était arrivé à l'école et ils m'écoutaient. Ils riaient avec moi aux choses drôles et se mettaient en colère pour les choses désagréables.

Un beau jour, on n'a plus mangé ensemble et les discussions sont devenues rares.

Maintenant, ils vivent chacun de leur côté, avec quelqu'un d'autre.

Après le lycée, j'ai quitté la maison pour m'installer toute seule. Ni papa ni maman n'étaient d'accord, mais ils vivaient chacun leur vie, alors moi aussi, je pouvais faire ce qui me chantait.

Mon studio est vieux et décrépi, mais je ne paie pas de loyer. Plus précisément, il m'est offert. Parce que c'est ma grand-mère maternelle la propriétaire. La peinture, ça salit tout ; du coup ce n'est pas plus mal que les lieux soient vétustes, je n'ai pas à m'en soucier.

En ce moment, je suis les cours d'une école d'art. J'ai commencé au printemps de ma dernière année de lycée, pour préparer le concours d'entrée aux Beaux-Arts – que j'ai raté, donc, là, je redouble. Le concours, je n'en ai plus rien à faire ; je me dis que cette année, je pourrais peut-être trouver du boulot.

Les Beaux-Arts, c'est le premier choix de tous ceux qui s'imaginent que dessiner, c'est plus facile que d'étudier, alors la concurrence est féroce. Pour réussir le concours d'entrée, il faut assurer au niveau technique, c'est ça qui permet de passer entre les mailles du filet. Je l'ai compris trop tard.

À cause des idiots qui n'ont pas envie de bûcher leurs examens mais qui se croient capables de dessiner, les étudiants comme moi qui ont vraiment du talent sont désavantagés.

Moi, je sais que je dessine super bien.

Et pourtant, les profs sortis des Beaux-Arts, ces artistes ratés, ne se fendent pas du moindre compliment sur mon travail. Ils se bornent à me faire refaire toujours les mêmes vieux exercices.

Le chat blanc qui ressemble drôlement à Mimi est aussi fasciné par mes tableaux.

Si c'est à la portée d'un chat, alors pourquoi les autres n'y pigent rien ?

Honnêtement, je ne connais personne qui dessine mieux que moi.

Vu le don qui m'a été offert à la naissance, je suis prête à accepter quelques tracas.

Comme le fait d'être petite, d'avoir loupé ma coloration, ou d'avoir raté le concours d'entrée aux Beaux-Arts.

Être heureux ou malheureux, c'est une question de point de vue, à mon avis. Mes parents qui se séparent et se mettent chacun avec quelqu'un d'autre, c'est pas cool, mais j'ai un appart gratos.

Mon échec au concours, c'est pas cool non plus, mais ça m'a permis de trouver ce que je voulais faire, et ça c'est chouette.

Je vais gagner ma vie grâce à mes dessins.

Quand mes mains sont occupées, tout un tas de pensées me traversent l'esprit et s'évaporent, puis, au bout d'un moment, je suis totalement concentrée, je ne vois plus que ma toile. C'est peut-être grâce à la présence du chat blanc qui m'observe. Aujourd'hui, mon pinceau glisse sans heurts.

C'est un peu léger comme remerciement, mais je lui ai ouvert une boîte de thon à l'huile pour le dîner. Les yeux sur le chat en train de dévorer sa pitance, j'ai repensé à Mimi. Elle aussi, elle aimait ça, les miettes de thon.

Un instant, j'ai eu envie de le garder, ce matou.

Dans l'immeuble, on ne fait pas de chichis, les animaux ne sont pas interdits mais aucun locataire n'en élève. Les gens d'ici, soit ils vivent au jour le jour, soit ils n'ont pas un rond, soit c'est les deux. Il n'y a personne qui serait capable de s'occuper comme il faut d'un animal.

Et puis, la peinture, ça coûte déjà assez cher. Moi qui suis toujours à court d'argent, j'aurais du mal à nourrir un chat.

Elle s'appelle Reina. Si je le sais, c'est parce qu'elle s'est présentée.

Des gens qui disent leur nom à un chat, je n'en connais pas d'autre.

Il flotte toujours une drôle d'odeur autour d'elle. Elle sent l'alcool, la peinture, le parfum, les épices d'un pays étranger, parfois le tabac alors qu'elle ne fume pas.

Elle est fantasque ; certains jours elle me nourrit, d'autres non.

Ces jours-là, en général, c'est quand elle peint et qu'elle oublie tout le reste. Alors, bien obligée, je vais réclamer à manger chez les voisins ou carrément ailleurs. Derrière le bâtiment, il y a des plates-bandes de fleurs abandonnées et un robinet d'arrosage ; j'ai toujours de l'eau claire à boire.

Le plus souvent, elle partage avec moi ce qu'elle est en train de manger ; ça peut être délicieux ou immonde, le genre de truc qu'on voudrait ne plus jamais avoir à goûter. Quand elle est de bonne humeur, elle m'ouvre exprès une boîte de pâtée pour chat.

Je mange ce qu'elle me donne, mais je ne suis pas son chat.

— Désolée, mais je ne peux pas te garder.

Elle me l'a dit, la première fois qu'on s'est rencontrées.

— Parce qu'un chat, ça meurt.

Je suis d'accord avec elle. Les chats, ça meurt tout de suite.

Moi, je suis toute blanche ; j'étais la plus petite de ma portée et, en prime, je suis un peu sourde. Du coup, je me suis fait peur un sacré nombre de fois, à manquer de me faire écraser par une voiture ou à remarquer trop tard un chat qui s'approchait.

— Mais c'est leur destin de mourir, a-t-elle lancé dans un éclat de rire.

Mimi, c'est peut-être le nom d'un chat qu'elle a perdu. Dans ce cas, moi, c'est Mimi II.

Reina m'a dit qu'elle n'en faisait qu'à sa tête.

— Donc, c'est parce que j'en ai envie que je te donne à manger.

C'est vrai qu'elle est sans-gêne. Un jour, alors que je faisais la sieste à l'ombre sur du béton bien frais, elle m'a attrapée par la peau du cou pour me savonner dans une bassine d'eau.

— Mais c'est que tu es toute blanche, une vraie beauté !

J'étais carrément au bout du rouleau, mais quand elle s'est exclamée « une vraie beauté », ça m'a requinquée. J'étais contente qu'elle me fasse un compliment.

Je l'aime.

Parce que Reina, elle est super forte.

CHAPITRE 2

Le ciel bleu se reflétait dans les grandes flaques laissées par l'averse.

Sur le chemin du retour de l'école d'art. J'avançais en réfléchissant au menu du soir quand une voix de garçon s'est élevée dans mon dos. C'était Masato.

— Qu'est-ce que tu veux ?

Je me suis arrêtée exprès pour lui poser la question.

— Pendant les grandes vacances, on prévoit d'aller ensemble à la piscine, toute la classe… ça te dit ?

Il marmonne toujours timidement dans sa barbe, on ne pige rien.

— Nan, ai-je répondu sans hésiter et je me suis remise en marche.

— Mouais, j'en étais sûr… a-t-il soufflé, dépité.

Il m'a emboîté le pas, un peu à la traîne.

— Bon, c'est pas grave, mais…

Ah oui, c'est pas grave ?

— Il paraît que tu vas arrêter l'école ?

J'ai acquiescé.

— Oui, je vais trouver du boulot.

Je n'avais encore rien dit à mes parents, mais j'étais décidée.

— Ah bon… s'est exclamé Masato d'une drôle de voix. Pourtant, il n'y a pas que la peinture, tu pourrais préparer le concours de design.

— Là n'est pas la question.

Il commençait à m'agacer.

— Bah c'est quoi, alors ?

— J'ai envie de dessiner, mais pas pour le concours, c'est nul.

Je le pensais vraiment.

— Je te comprends. C'est pareil pour moi.

Qu'il le reconnaisse sans hésiter m'a désarçonnée.

— Mais toi, à mon avis, tu as toutes tes chances pour le concours, a-t-il affirmé.

— Hmm, hum.

Ça me faisait plaisir, j'ai eu du mal à garder mon air détaché.

— Bon, et alors, c'est une piscine à vagues…

Il revenait à la charge.

— Laisse tomber, occupe-toi plutôt de dessiner.

Il m'avait énervée pour de bon.

— Tu crois que c'est le moment, quand on est nul, d'aller s'amuser à batifoler dans l'eau ?

— Le prof a bien dit que c'était important de faire des expériences, a rétorqué Masato sans se démonter.

— Comme si aller à la piscine, ça comptait comme une expérience de vie.

— Peut-être que ce sera le début d'une super histoire d'amour qui bouleversera notre vie.

— N'importe quoi.

Dans la classe, on entend souvent parler de couples qui se font et se défont.

Les principaux intéressés s'imaginent sans doute qu'ils ont quelque chose de spécial, mais vu de l'extérieur, les histoires d'amour, c'est ridicule et banal.

— Tu ne céderas pas, hein ? a ajouté Masato avec un petit rire. Tu présentes une toile au Salon d'automne, je suppose ?

Les Salons, avec leur limite d'âge, sont la voie royale pour les jeunes artistes. Au niveau du calendrier, il ne fallait pas tarder à s'y mettre.

— C'est mon intention.

— Bon courage.

— À toi aussi.

Quand je lui ai dit ça, il a écarquillé les yeux. Tiens, il n'avait pas prévu d'y participer ?

Arrivés devant la gare, nous sommes partis chacun de notre côté.

Moi, j'ai été abandonnée.

Quand j'étais bébé, ma mère et ses maîtres se sont bien occupés de moi. Nous étions cinq chatons. Plein de gens sont venus nous voir, ce qui mettait ma mère sur les nerfs ; moi, j'étais super contente d'être admirée par des humains.

Mais ça n'a pas duré longtemps. Alors que mes frères et sœurs ont été adoptés, personne n'a voulu de moi et on m'a jetée sans la moindre hésitation. J'étais la plus petite, je vomissais souvent mon lait et j'étais un peu dure d'oreille, alors sans doute qu'on ne m'a pas trouvée particulièrement mignonne. J'étais la plus faible.

Les plus faibles disparaissent les premiers. C'est naturel, je trouve.

Mais devant Reina, je veux me montrer forte.

C'est pour ça que je ne m'installe pas chez elle. Je dors dans les branches de l'arbre. Le camphrier, il éloigne les insectes qui piquent et les autres chats, c'est pratique.

Pour la nourriture aussi, plutôt que de manger seulement ce qu'elle me donne, je voudrais chasser des proies. Comme ça, je serais encore plus forte. J'aimerais bien le montrer à Reina.

Elle a l'air de posséder un autre territoire, ailleurs. Elle sort pour rentrer en fin de journée. Parfois elle reste chez elle jusque dans l'après-midi, d'autres fois elle part tôt le matin et elle revient tard le soir. Il y a même des jours où elle ne rentre pas. Ces soirs-là, j'ai comme un pincement au cœur.

Une fois où elle n'était pas rentrée plusieurs jours d'affilée, j'ai décidé de partir à sa recherche car j'étais inquiète ; c'est comme ça que j'ai rencontré Chobi.

Comme moi, il a une belle fourrure toute blanche. Je suis tombée amoureuse au premier coup d'œil. Les mâles, ils essaient tout de suite de me grimper dessus et ça me fait peur, mais Chobi est différent.

Quand il m'a vue, il s'est contenté de m'aborder d'un ton léger :

— Salut !

— C'est ton territoire, ici ?

— On peut dire ça.

Mon cœur a bondi dans ma poitrine : j'avais pénétré à mon insu dans le territoire d'un autre chat.

— Tu vas me virer, alors ?

— Je ne ferais pas ça à un chaton.

— Quel gentleman !

C'était un drôle de chat.

— Moi, c'est Chobi.

C'est ainsi qu'il s'est présenté.

— ... Moi, c'est Mimi.

Tout doucement, je me suis approchée jusqu'à sentir son odeur. Nous nous sommes reniflés l'un l'autre.

Chobi sentait l'humain.

— Tu es un chat domestique ?

— Oui. Je suis son chat à Elle.

— Elle ?

— Je ne connais pas son nom. Et je n'ai pas envie de le savoir. Mais c'est mon amoureuse.

— C'est bizarre.

— Tu trouves ?

— C'est étrange d'avoir une amoureuse sans connaître son nom, ai-je lancé, un peu jalouse.

— Un nom, ce n'est rien. On peut appeler un chat « chien », ça reste un chat, non ?

C'était la première fois que j'avais ce genre de conversation, ça m'a fait tout drôle. J'avais envie de continuer, mais j'ai justement aperçu Reina. Son grand sac blanc laissait deviner des objets à la forme ronde reconnaissable... des boîtes de pâtée pour chat. À table !

— On se reverra ?

— Peut-être.

— Peut-être, c'est nul. Promets-le moi.

Les boîtes de pâtée me faisaient envie, mais je voulais aussi revoir Chobi.

— D'accord.

— Promis, hein ? Promis juré !

Après, j'ai quitté Chobi.

Je me suis précipitée vers Reina en miaulant ; elle m'a souri.

— Mimi, tu es allée renifler un matou ?

Toute contente, j'ai frotté l'arrière de ma tête contre ses jambes.

Chobi faisait-il pareil avec Elle ? Cette idée m'a soudain serré le cœur.

Ensuite, lui et moi, on s'est revus presque tous les jours ; parfois, Reina nous donne à manger.

Chobi est un mauvais chasseur. Tellement mauvais que normalement, je l'aurais jeté. Mais comme ma mère aussi était mauvaise chasseuse, je trouvais ça plutôt mignon, à vrai dire. J'aurais voulu qu'il m'apprenne, mais tant pis. J'espère qu'un jour, je saurai chasser par moi-même et que je pourrai offrir une proie à Reina. Ce jour-là, je lui revaudrai ses boîtes de pâtée.

Peindre dans la chaleur moite de l'été me donne envie de m'asperger d'eau froide au tuyau d'arrosage, la tête la première. Le climatiseur fixé à la fenêtre produit surtout du bruit, et très peu de fraîcheur.

Les autres doivent être à la piscine, à l'heure qu'il est…

Je secoue fermement la tête pour m'ôter de l'esprit l'idée que j'aurais dû y aller.

Ma vie est consacrée à la peinture.

Un peu plus tard, j'entends par la fenêtre un bruit de pas que je connais. C'est Mimi. Aujourd'hui, elle a amené quelqu'un.

Ce quelqu'un, c'est un chat blanc qui lui ressemble beaucoup ; il porte un collier.

Si c'est un chat domestique, qu'il se fasse donc nourrir par son maître…

Je ne peux m'empêcher de le penser, mais Mimi aussi va manger ici et là. Alors je mets les petits plats dans les grands et leur ouvre une boîte de thon.

Rien qu'en m'entendant faire, Mimi commence à se trémousser. Elle est trop mignonne. Dès que je pose l'assiette de miettes de thon devant eux, elle se jette dessus. Son invité y goûte du bout des dents, circonspect ; il est visiblement surpris.

Regarder les chats me rassérène. Je décide de grignoter quelque chose, moi aussi. Un pot de Häagen-Dazs dur comme de la pierre, à cause du congélateur trop froid.

— Même vêtue de haillons, mon cœur est paré de brocart, dit-on ; eh bien moi, même logée dans un taudis, je mange de la glace Häagen-Dazs !

Depuis quelque temps, je parle de plus en plus souvent à Mimi. Elle me jette un coup d'œil tout en engloutissant son thon.

C'est un peu comme se parler à soi-même, mais même si ce n'est qu'un chat, c'est agréable d'avoir quelqu'un avec qui discuter en mangeant. À l'école, je ne m'entends avec personne, et comme c'est n'importe quoi de traîner avec des gens qu'on n'aime pas, je mange toujours toute seule.

Assise sur le rebord de la fenêtre, je balaie du regard la pièce. Trois tableaux en cours de réalisation. À l'intérieur du placard privé de ses portes, des toiles peintes.

Un canapé-lit, une petite étagère et une commode. Un réchaud à gaz et un évier. Un mini-réfrigérateur. Des fournitures de dessin et mon stock de nouilles instantanées. Mon petit univers à moi. Sous le tapis maculé de taches de peinture les tatamis s'enfoncent et le plancher grince, et on entend les voisins parler deux appartements plus loin.

C'est un studio minuscule et sale, mais je m'y plais.

Les prunelles de Reina brûlent d'un feu intense. J'aime sa force, l'assurance qu'elle affiche. Tout ce qui m'échappe à moi, si faible.

Elle joue du pinceau sans la moindre hésitation. Étale les pigments sur la toile. Une odeur de peinture monte doucement, légèrement différente en fonction des couleurs, c'est amusant.

Je miaule à pleine gorge. Avec mon filet de voix, je peine à me faire remarquer.

— Qu'y a-t-il ? Tu as faim ?

Elle m'a enfin entendue. Elle m'ouvre une boîte de thon, ses pensées toujours sur le tableau.

C'est trop salé, mais je ne vais pas me plaindre, non plus.

J'étais concentrée sur ma nourriture quand soudain, j'ai senti un regard ; j'ai relevé la tête.

Un faucon me scrutait. Face à cette silhouette caractéristique de rapace, mon instinct a pris le dessus et je suis tombée du rebord de la fenêtre.

Reina me regardait en rigolant de toutes ses dents.

— Je l'ai si bien réussi que ça ?

Ce n'était bien entendu pas un vrai faucon, mais un oiseau de ses tableaux.

De près, on voit bien que c'est juste des couches de peinture superposées, sans rien à voir avec un vrai faucon, mais sur le coup, j'y ai vraiment cru. Alors que c'était la première fois que j'en voyais un, mon instinct m'a prévenue : Attention ! Danger !

Reina est vraiment très forte.

Je suis fière d'être à ses côtés.

J'avais peint jusqu'à l'aube et à mon réveil, midi était déjà passé depuis longtemps.

Après avoir déjeuné sur le pouce d'un bol de riz au bœuf sauté dans une gargote le long de la nationale, je suis retournée chez moi.

Devant l'immeuble, j'ai croisé la fille du studio d'à côté. Elle travaille la nuit et elle est toujours maquillée comme un camion.

— Reina, tu as de la visite.

Son léger accent régional est doux aux oreilles.

— Ah bon ? Merci, ai-je répondu avec une petite courbette.

C'est rarissime. Qui ça peut bien être ?

Allez savoir pourquoi, le visage de Masato s'est présenté à mon esprit. Ça ne risquait pourtant pas.

C'était une femme qui m'attendait devant ma porte. Comme elle était habillée différemment de d'habitude, au début, je ne l'ai pas reconnue.

— Ah, te voilà !

C'était la secrétaire de l'école.

— Tiens ? Miyu, qu'est-ce que vous faites là ?

Ma question lui a tiré un petit rire embarrassé.

— Eh bien, j'habite dans le quartier. Normalement, ce n'est pas une bonne idée d'aller voir les étudiants chez eux, mais… a-t-elle avoué, toute gênée.

Bon, je voyais en gros pourquoi elle était là.

— Bref, laissons tomber les détails.

J'ai déverrouillé la porte.

— Entrez. C'est petit et sale, mais tant pis.

Je ne disais pas ça par modestie. Si j'avais su, j'aurais un peu mieux rangé, mais c'était trop tard.

Dedans, Miyu a eu le souffle coupé. Pas par l'état de la pièce ; elle regardait fixement le tableau que j'étais en train de peindre.

— Ça alors… ça ne rigole pas.

Sa réaction m'a fait plaisir. Intérieurement, j'ai crié victoire.

— Je ne sais pas quand j'arriverai à le finir.

Mimi, roulée en boule sur le canapé-lit, a ouvert un œil pour regarder Miyu.

— Vous avez réagi exactement comme elle, ai-je dit en gratouillant Mimi sous le menton.

— Tiens, tu as un chat ?

— C'est pas vraiment mon chat, c'est plutôt qu'elle s'incruste. C'est une chatte semi-domestique.

— Elle est habituée à toi. Elle te fait totalement confiance.

— Vous croyez ?

Après m'être lavé les mains et avoir rincé un verre, je lui ai servi du café d'orge froid.

— Merci. Moi aussi, j'ai un chat.

— Ah bon ?

— Un chat tout blanc, qui ressemble énormément au tien. Mais le mien est un mâle.

J'ai repensé au chat blanc que Mimi avait déjà amené par le passé. Un tel hasard, ce serait dingue.

— Dis-moi, je ne crois pas t'avoir vue à l'école, ces derniers jours.

Miyu avait soudain mis les pieds dans le plat.

— Parce que je n'y suis pas allée.

Elle m'a regardée et a poussé un petit soupir.

— Écoute-moi. Ce n'est pas mon avis de secrétaire, mais mon opinion personnelle que je te donne. Je ne devrais peut-être pas m'en mêler, mais… J'ai vu passer un certain nombre d'étudiants, alors ça me démange…

Sa façon de tourner autour du pot m'a agacée.

— Allez-y franchement.

— Être douée, ça ne suffit pas.

Ses mots m'ont transpercé la poitrine.

— Je le sais, ai-je répondu plus vivement que je n'en avais l'intention.

Mes doigts tremblaient.

— Dans ce cas, Reina, si tu tentais une nouvelle fois le concours d'entrée aux Beaux-Arts ?

Miyu me regardait droit dans les yeux.

Une partie de moi avait espéré qu'elle le dirait.

Et pourtant, d'autres mots sont sortis de ma bouche :

— Oui, enfin, les Beaux-Arts…

Je savais bien que je disais ça pour me donner un genre.

— Ça, c'est ce qu'on dit une fois qu'on a décroché le diplôme.

Elle ne m'avait pas ratée. Son ton était doux, mais il résonnait en moi.

— Ça me paraît difficile, ai-je dit.

Cette fois-ci, c'était ce que je pensais vraiment.

— Trouver du boulot, c'est bien, mais ça n'est pas facile de continuer à peindre en travaillant, a-t-elle insisté.

Je le savais bien.

— J'y arriverai, ai-je répondu juste pour avoir raison.

J'avais parlé aussi fort que je manquais de confiance en moi. Surprise par mes éclats de voix, Mimi s'est agitée.

— Pour percer dans le milieu de l'art, le talent ne suffit pas. Laissons de côté la question de savoir si c'est juste ou pas, le fait est que sans passer par les Beaux-Arts, tu ne seras même pas sur la ligne de départ, a repris Miyu avant que je puisse continuer. À moins d'être repérée par un critique et classée parmi les artistes autodidactes.

Ça aussi, je le savais.

— Ne vous faites pas de souci. Avec mes peintures, je m'en sortirai toujours. Là, je suis justement en train d'en préparer une pour le Salon.

Miyu a éclaté de rire.

— Pourquoi vous rigolez ?

J'ai cru qu'elle se moquait de moi.

— Non, pardon. Je t'envie. Je me disais juste que si j'avais eu ton assurance, ma vie aurait peut-être été différente.

Elle n'avait pas l'air de mentir ou de me flatter.

— À quel sujet ? Les hommes ? ai-je lancé au hasard et elle s'est visiblement troublée.

— Mais non…

J'avais visé dans le mille. Elle était tellement transparente.

— Vous allez trouver quelqu'un. Avec votre gentillesse, c'est sûr. La preuve, vous êtes venue parce que vous vous faites du souci pour moi, non ? Votre bon cœur, on le voit tout de suite.

— Tu crois…

Voilà que je me retrouvais à lui remonter le moral. C'était à n'y rien comprendre.

Mimi a bâillé, la gueule grande ouverte, avant de se rouler en boule une nouvelle fois sur le canapé.

— Bref, je vais réfléchir à la question.

— S'il te plaît. Et puis…

— Oui, j'irai à l'école. Bientôt.

— Merci.

Miyu m'a souri.

Cette humaine qui a quitté l'appartement de Reina, elle sent Chobi.

C'est donc elle, son amoureuse.

Depuis, je suis en colère. Je croyais que c'était à cause de Chobi, mais peut-être pas seulement, en fait.

CHAPITRE 3

Miyu m'a poussée à passer le concours.

Mais en fin de compte, l'été touchait à sa fin que je n'avais encore rien décidé – passer le concours ou trouver du travail ?

Les deux dernières semaines des grandes vacances, j'ai décroché un stage grâce à l'école d'art. J'avais carrément oublié avoir postulé.

Un stage, ça sonne bien, mais en réalité, il s'agit de travailler pour des cacahouètes. Au début, je me disais que je n'en ficherais pas une, mais j'étais prise dans une agence de design dont même moi je connais le nom, alors j'ai changé d'avis. Ils réalisent des affiches de films à succès et des couvertures de manga best-seller.

Comme toute agence de design qui se respecte, les bureaux sont installés dans un quartier un peu chic, assez loin de chez moi. Pour la première fois depuis longtemps, j'ai repris un rythme de vie normal.

Le premier jour, j'étais quand même nerveuse. Les tâches qu'on me confiait – prendre des notes en réunion, coller des étiquettes sur des enveloppes –, n'importe qui en aurait été capable, mais j'avais la chance de voir de près le travail de designers professionnels.

C'était la première fois que je côtoyais des pros au travail.

Ils étaient tous super rapides. Et en plus, pour un seul design, ils faisaient une tonne de dessins, c'était impressionnant. Je ne m'occupais que de petites tâches insignifiantes, mais j'étais contente de leur être utile.

Le mieux, c'était le midi.

Vu le quartier, il y avait plein de restaurants de luxe autour. Chaque jour, les uns et les autres m'y emmenaient pour le déjeuner. C'était super bon partout.

Ça m'a fait comprendre à quel point je mange mal d'habitude. Un bon repas, ça donne des forces et la niaque. Faire un travail répétitif pour des prunes, ça ne me motivait pas du tout, mais je commençais à trouver ça intéressant.

Je suis comme Mimi, c'est par l'estomac qu'on me tient.

Les gens de l'agence de design ont l'habitude des stagiaires, ils savent y faire. L'un d'eux, en particulier, s'est intéressé à moi, un homme appelé le boss.

Il m'avait fait une mauvaise première impression. Les types qui mettent du parfum, c'est pas bon signe. Comme mon père, par exemple. Il était jeune, mais quelque part, il lui ressemblait un peu.

C'était lui, semblait-il, qui m'avait choisie comme stagiaire.

Je lui ai remis un portfolio de mes œuvres et il m'a complimentée.

On a déjeuné ensemble et je lui ai décrit avec passion le tableau auquel je travaillais ; il m'a écoutée d'un air enchanté.

— Il faudra que tu me le montres un de ces quatre, a-t-il dit avec un grand sourire.

J'avais envie de lui montrer cette peinture. Celle qui avait surpris Mimi et Miyu. Ça lui plairait sûrement.

— Venez quand vous voulez, même si chez moi c'est un petit studio un peu pourri, ai-je fièrement répondu.

J'espérais qu'il viendrait sans tarder, mais tout le monde a eu beaucoup de travail, ce n'était pas le moment. Il y avait même des gens qui dormaient au bureau. Moi aussi, à mon niveau, je bossais sans relâche du matin au soir.

On était charrette comme une veille de fête de l'école, c'était chouette. C'était cool aussi parce que moi, je n'étais pas en première ligne ; les autres me remerciaient d'aller leur chercher des bentos, j'étais contente de leur donner un coup de main. À la réflexion, dans ma vie, je crois que ça ne m'était presque jamais arrivé de me rendre utile.

— Encore un de terminé !

Le projet bouclé à temps, on a trinqué tous ensemble. Au coca pour moi, puisque je suis mineure.

Le boss se souvenait qu'il m'avait promis de venir voir mon tableau. Comme j'étais persuadée qu'il l'avait oublié, trop occupé, ça m'a fait plaisir ; on a échangé nos numéros de téléphone.

— Il aime bien les jeunes filles, méfie-toi !

C'est une femme de l'équipe qui, plus tard, aux toilettes, m'a murmuré ces mots à l'oreille.

Ah ah, c'était ça, la rivalité féminine !

Voilà ce que j'ai cru, mais j'avais tort.

Vers la fin de l'été, mon corps a commencé à changer de l'intérieur. De chatonne, je suis devenue une chatte.

Je mourais d'envie de porter les petits de Chobi, alors j'ai décidé de lui en parler franchement :

— Marions-nous !

— Mimi, je te l'ai déjà dit plusieurs fois : j'ai une amoureuse.

Encore ! J'ai voulu en avoir le cœur net. S'agissait-il de la femme qui était venue chez Reina ? Son amoureuse, à quoi ressemblait-elle ?

— Présente-la-moi.

— Certainement pas.

— Pourquoi ?

— Écoute-moi, Mimi. Je te le répète... Tout ça, on en reparlera quand tu seras plus grande.

J'étais tellement triste que mes moustaches, mes oreilles et même ma queue sont retombées.

Une amoureuse humaine, c'était n'importe quoi. Il n'avait qu'à rester avec elle toute sa vie, tiens.

Fâchée, je me suis dirigée vers l'atelier de Reina à grands pas bruyants.

Quand j'ai jeté un coup d'œil chez elle, comme toujours depuis une branche du camphrier, elle parlait avec quelqu'un au téléphone.

— Ah, mais non, pas du tout ! disait-elle d'une voix cajoleuse que je ne lui connaissais pas.

Ça n'était pas elle, cette voix. J'aurais voulu qu'elle soit plus forte, droite dans ses bottes, et pas flatteuse.

J'étais tellement en colère que j'étais d'humeur cruelle. J'aurais été capable de capturer n'importe quelle proie.

Ce jour-là, je n'étais pas dans mon état normal, je crois.

Pour une fois, je suis partie me promener loin. J'ai avancé à grandes enjambées à travers des buissons et sur des murs inconnus. Dans des endroits où je n'étais jamais allée, j'ai reniflé des odeurs nouvelles, et là où en temps normal j'aurais reculé, je n'avais même pas peur.

Insouciante, j'ai pénétré sur le territoire d'un autre chat.

Oups, c'est peut-être dangereux, là.

J'avais à peine eu le temps de le penser que c'était trop tard. Un chat aux yeux de braise me barrait le chemin. C'était un chat de gouttière, mais gros. S'il avait autant mangé, c'est qu'il était fort.

Sa fourrure noire et blanche était barrée d'une large cicatrice sur un flanc. Sa queue dressée tout droit formait un coude à son extrémité.

Capitaine Crochet, l'ai-je surnommé en mon for intérieur.

Crochet me scrutait, comme pour m'évalucr.

J'ai fait un pas en avant ; son regard m'a dissuadée d'avancer encore d'une patte.

— Tu me l'attrapes ?

Mon ton était étonnamment cajoleur, je n'en revenais pas.

— Quoi ? a-t-il grogné, défiant.

Un oiseau à la longue queue picorait parmi les gravillons d'un parking.

Je lui ai jeté un coup d'œil et Crochet s'est élancé en silence. En haut du mur, il a approché pas à pas de l'oiseau. Il a bandé les muscles de son corps entier. À peine avait-il soudainement sauté de son perchoir que sa mâchoire se refermait avec précision sur la nuque de l'oiseau qui s'est mis à battre des ailes, tentant désespérément de s'enfuir.

— Incroyable !

C'était si beau que je n'ai rien trouvé d'autre à dire. Tous les poils de ma fourrure se sont hérissés.

Dans la gueule de Crochet, l'oiseau avait brusquement cessé de bouger. Il a déposé sous mes yeux sa proic inerte.

— Ça n'a rien d'extraordinaire. Dans l'obscurité, les oiseaux ne voient pas, a-t-il dit exactement comme un parent s'adressant à son enfant.

C'est à cet instant que j'ai compris qu'il était un chat assez âgé.

— Je m'appelle Mimi. Et toi ?

— Je n'ai pas de nom.

— Je peux t'appeler Crochet ?

— C'est toi que ça regarde.

Crochet m'a tourné le dos ; il s'est mis en marche et je lui ai emboîté le pas.

Je suis une chatte, pas de doute, ai-je songé. C'était mon instinct félin qui me guidait.

Cette nuit-là, je me suis unie à Crochet.

C'était vers la fin de l'été.

Le lendemain aussi, j'ai rencontré Chobi, mais il n'a rien remarqué de ce qui m'était arrivé.

Il y avait de drôles de cigales dont le chant faisait « kana kana » ; on a essayé de les imiter sans y arriver et on a beaucoup ri, Chobi et moi.

Chaque fois qu'on se voyait, je lui proposais qu'on se marie, mais ce jour-là, pour la première fois, je l'ai quitté sans rien dire.

Je ne lui ai pas fait promettre de nous revoir le lendemain, non plus. Et pourtant, il est reparti chez Elle comme si de rien n'était.

Son attitude m'a fait baisser la queue de découragement.

Reina, étonnamment gaie depuis quelques jours, ne comprendrait pas ce que je traversais.

Lourde de ces sentiments dont je ne savais que faire, j'ai passé mon temps à dormir.

— Je crois que j'ai trouvé du boulot.

D'excellente humeur, elle ne cessait de me parler.

— Le boss de l'agence de design où je fais mon stage m'a à la bonne.

— Il dit que j'ai du talent. Je le sais bien, mais quand même.

— Ils ont l'air de beaucoup travailler, mais ça ne me déplairait pas d'entrer là-bas.

Je trouvais sa force tranquille éblouissante.

En l'écoutant, je me suis fait une réflexion. Les chats, ils ont chacun leur territoire. Petit ou grand, ça dépend, mais ils y règnent seuls.

Les humains, eux, se pressent à plusieurs sur le même territoire. Ils ont l'air d'entretenir des relations sympas, mais ça n'est qu'une façade, en réalité, chaque secteur est sous la coupe d'une seule personne.

Reina et les autres artistes peintres luttent sans cesse pour un petit domaine ; ils éliminent plein de concurrents, seuls les plus forts survivent.

Reine est très forte, elle n'a jamais perdu jusqu'à présent.

Une autre bizarrerie chez les humains, c'est qu'au fil du temps, ils sont forcés de se battre pour un autre territoire.

Autrefois, les territoires étaient assez fluctuants, mais ces derniers temps, il n'y a plus que des tout petits domaines, et ils sont nombreux à batailler pour des secteurs réservés à une ou deux personnes.

Mais je crois que pour Reina, ça ira. Elle est tellement forte et sûre d'elle, il n'y a aucune raison qu'elle perde.

CHAPITRE 4

Un vent frais s'est installé et l'automne est arrivé.

Le fouillis de feuillages autour de chez Reina a pris des teintes mordorées. Seul le camphrier gardait sa verdure, mais ses fruits ronds commençaient à mûrir.

En foulant les feuilles mortes couleur d'or et de rouille, j'ai pris un grand bol d'air automnal.

Mon corps s'était drôlement arrondi.

À tel point que je restais coincée dans des endroits où je passais avant, ce qui faisait rire Reina.

Un typhon d'automne était annoncé.

Une tempête telle que tout paraissait devoir se dissoudre dans le vent et la pluie.

Ce jour-là, tout de même, Reina m'a prise avec elle dans son studio tout décrépi et nous avons passé la soirée ensemble.

C'était une nuit qui ravivait mes peurs d'enfant. L'immeuble grinçait de partout et des objets venaient frapper contre les volets.

Malgré tout, Reina, sereine, peignait sans relâche.

Je n'avais pas fermé l'œil de la nuit et devant le ciel bleu au petit matin, mon instinct m'a soufflé qu'un changement irrémédiable s'était produit.

C'est un chat au ventre rond comme un tonneau qui m'a annoncé la mort de Crochet.

Il a dit s'appeler Kuro.

— Il paraît que tu le connais bien.

— Qui ça… ?

— Celui qui a le bout de la queue tout tordu, tu le connais, non ?

— Crochet ?

— C'est comme ça que tu l'appelles ? Alors, c'est bien toi. Ça lui plaisait. Parce que c'est rare, pour un chat de gouttière, d'avoir un nom.

Kuro s'est tu un instant.

— Il est mort.

— Ah bon ?

Crochet était mort. J'ai accepté cette réalité.

— Tu n'as pas l'air surprise.

— Je m'en doutais.

Le monde avait tellement changé, je savais bien qu'il s'était passé quelque chose.

— Donc, son territoire t'appartient.

— Ah bon ?

Ça, c'était plus surprenant.

— Pourquoi ? Les autres chats ne vont pas se battre pour le récupérer ?

— Ici, c'est la règle, affirma Kuro comme si c'était une évidence. Te voilà avertie.

Sur ces mots, il me tourna le dos.

— Hum, merci.

Je le remerciais de m'avoir prévenue, mais il a pris ça autrement.

— Ce n'est pas moi qui l'ai décidé. Si tu veux dire merci à quelqu'un, c'est à John.

— John… ?

— Un chien, a précisé Kuro avant de s'éclipser avec une vitesse surprenante pour sa corpulence.

Je n'étais pas triste. J'avais simplement sommeil en permanence et je suis restée à dormir chez Reina pendant quelque temps.

Elle était souvent absente.

Au bout d'un moment, Kuro est revenu :

— N'oublie pas de surveiller ton territoire, a-t-il juste lancé avant de s'éclipser.

J'ai fait le tour du domaine de Crochet, lentement. Une usine désaffectée au toit de tôle rouillée. Des fossés presque à sec, pleins de détritus. Une enfilade de murs noircis par les gaz de pots d'échappement.

Partout, son territoire était déprimant. Crochet avait passé ses journées dans un triste décor.

Sur un parking désert, dans un coin, fleurissait un cosmos solitaire aux pétales rose pâle.

J'ai aussitôt deviné : c'est là que Crochet était mort, à coup sûr.

Un chagrin déchirant a déferlé sur mon cœur.

J'aurais voulu que Reina me console.

Mais j'avais aussi l'impression que je ne devais pas aller la voir.

En réalité, je suis faible. Mon corps a grandi mais, à l'intérieur, je suis encore une enfant, et si jamais Reina se rendait compte que je ne suis qu'un pauvre chaton inutile, peut-être qu'elle se détournerait de moi. Comme mon premier maître m'a abandonnée.

Ce jour-là encore, elle n'était pas chez elle. Sans doute était-elle à son stage ou je ne sais quoi. Ça m'arrangeait.

Sous l'auvent du studio, dans de légers effluves de peinture, j'ai passé mon temps à dormir.

Un bruit de moteur m'a réveillée. Il faisait déjà tout noir.

J'ai entendu la voix de Reina à l'intérieur. Je commençais à avoir faim. Toute contente, j'ai gratté au volet. Normalement, elle répond tout de suite.

Mais pas cette fois-là.

Ce type, ce n'était pas mes dessins qu'il regardait, mais mon corps.

À la différence de Miyu quand elle était venue, lui n'avait même pas jeté un coup d'œil à mes peintures.

Quand j'y repense, c'était peut-être le cas dès le début. Mais je n'avais pas voulu l'admettre, je préférais penser qu'il s'intéressait à mon talent.

Le boss m'avait raccompagnée. Dans la voiture, il avait aligné des mots auxquels il ne croyait même pas et moi, je l'avais écouté, toute contente.

Quelle idiote !

Et voilà que je me retrouve renversée sur le canapé.

Son parfum me donne la nausée.

Ce n'est pas ce que je voulais.

Je vois très clairement ce qu'il cherche à faire. Vu de l'extérieur, c'est moi qui l'ai invité à venir.

Il aime bien les jeunes filles, méfie-toi !

C'était une véritable mise en garde que m'avait soufflée une femme de l'équipe, je le comprenais maintenant.

Ça fait partie du boulot. Si je lui cède, il me donnera peut-être du travail. La promotion canapé, ça rentre dans le cadre des relations professionnelles.

Tu vas te laisser faire ?

À peine la pensée m'a-t-elle effleurée qu'une colère terrible m'est montée du fond des tripes.

Je ne me pardonnais pas de l'avoir envisagé, ne serait-ce qu'un instant. Je ne pouvais pas me mentir.

Dans un nuage de parfum doucereux, les mains du type se sont mises à caresser mon corps. Terrorisée et dépitée, je ne réagissais pas.

— Tu es mignonne.

Ses mots dégoûtants m'ont donné la chair de poule.

— Arrêtez !

Ses mains continuaient.

— Pas touche ! ai-je crié de toutes mes forces.

Ça m'a donné le courage de bouger. J'ai attrapé ce qui me tombait sous la main pour le frapper au visage. La veste que j'avais ôtée.

Alors que j'essayais de me relever, profitant de l'effet de surprise, il m'a enlacée par-derrière.

— Bas les pattes, j'ai dit !

J'ai pivoté pour lui flanquer un grand coup de coude dans le creux de l'estomac.

J'ai mis en plein dans le mille. Un peu trop.

Il est tombé du canapé, entraînant dans sa chute une pile de livres et de toiles.

— Attends, Reina, tu blagues, n'est-ce pas ?

Le sourire qu'il affichait était révoltant. Je n'avais plus peur.

— Non, je suis sérieuse. Cassez-vous !

Je lui ai jeté un magazine au visage.

— J'ai l'impression que tu te fais des idées… Si on discutait ?

Je ne me laissais plus emberlificoter par ses sourires. J'avais honte d'avoir cherché à plaire à ce type.

Le chevalet à trois pieds où je pose mes toiles. J'ai saisi un des pieds qui s'était détaché.

Quand il a vu cela, le boss a quitté le studio à reculons.

Le pied de chevalet à la main, je me suis effondrée.

La porte s'est rouverte et je me suis raidie, il était revenu ! Mais non, c'était la voisine qui venait aux nouvelles.

— Reina, ça va ?

Devant son visage trop maquillé qui m'apparaissait plein de bravoure, j'ai failli chialer.

Les larmes qui me sont montées aux yeux ont ravivé ma colère.

S'il croyait que j'allais chialer pour lui !

— Stop ! ai-je crié en me précipitant dehors, des sandales aux pieds.

Le boss fumait une cigarette devant sa voiture. Sa bagnole – de marque française sans doute – dont il était si fier. Il avait l'air goguenard.

Il m'a lancé un coup d'œil, avec un fin sourire. Qu'est-ce qu'il s'imaginait ?

— Attends voir un peu !

Devant mes traits déformés par la colère, il s'est empressé de monter en voiture.

J'ai profité de mon élan pour donner un bon coup de pied dans sa portière. La carrosserie s'est enfoncée avec un bruit mou.

Intrigués par le raffut, des locataires sont sortis de chez eux.

Le boss a démarré sur les chapeaux de roue et il est parti sans demander son reste, sans doute en zigzaguant car on a entendu des coups de klaxon.

— Reina, yo ! a lancé la voisine, comme on acclame un acteur de théâtre kabuki.

Des exclamations et des sifflets se sont élevés ici et là, suivis d'une salve d'applaudissements.

— On n'est pas au spectacle ! ai-je crié avant de regagner mon studio.

Ça sentait encore son parfum. J'étais en colère après lui, et après moi aussi. Qu'est-ce que j'avais été bête !

J'ai ouvert la fenêtre pour aérer.

Mimi est entrée. En silence, elle s'est frottée contre moi. La chaleur de son corps était la meilleure des consolations.

— Mimi, reste avec moi ce soir.

On a dormi ensemble.

Je n'avais envie de penser à rien dans l'immédiat.

La saison avance, c'est bientôt l'hiver. Reina passe de plus en plus de temps à faire autre chose que peindre dans son atelier.

Elle lit, met des fruits à macérer dans de l'alcool, fait des travaux manuels. C'est une humaine qui ne tient pas en place. Elle s'occupe, mais pas à dessiner ou peindre.

Elle a sorti la table basse chauffante, sous laquelle je reste souvent roulée en boule. J'ai tout le temps sommeil.

Le deuxième semestre a commencé.

J'ai tellement séché l'école que je n'arrive pas à suivre les cours théoriques et que pendant les travaux pratiques, je manque de temps pour produire quelque chose de potable. C'est parce que je n'ai absolument rien fait pendant les vacances.

Je me suis endormie en cours, alors le prof m'a dit de prendre la porte, ce que j'ai fait.

J'étais en train de boire une canette de jus de fruits devant le bâtiment quand Miyu est arrivée. J'ai l'impression que ça fait une éternité que je ne l'ai pas vue.

— Merci d'être venue à l'école, a-t-elle lancé en entrechoquant contre mon jus de fruits le café en canette qu'elle s'était acheté.

— J'avais envie de vous voir.

Elle a ri, mais c'était vrai.

J'avais signalé par mail à toutes les personnes que je connaissais au sein de l'agence de design ce qui s'était passé avec le boss, mais je n'avais rien dit à l'école. Je ne savais pas si elle était au courant.

— Tu n'as rien présenté au Salon ?

Sa question m'a rappelé l'existence du Salon. La date limite était dépassée depuis longtemps.

— De notre école, il n'y a que Masato qui a participé. Le Masato de ta classe.

Il l'avait donc fait.

— Il avait déjà reçu un prix avant l'été. Du coup, il paraît qu'il a été pris chez le professeur Kiriya, qui fait partie du jury.

Comment s'était-il débrouillé, en si peu de temps…

— Ah bon, c'est super.

J'aurais voulu que ça vienne du fond du cœur, mais mon sourire était forcé.

— Alors toi aussi, Reina, il faut t'y mettre.

Précisément parce qu'elle ne pensait pas à mal, ses encouragements me faisaient souffrir.

— Oui.

J'ai poussé un gros soupir.

— Vous savez, j'ai compris. J'étais persuadée d'avoir du talent. Je me suis laissé berner par les compliments. Mais je suis loin du compte.

Miyu m'écoutait en silence.

— Exactement, tu n'es encore qu'un poussin dans sa coquille ! a soudain lancé une grosse voix dans mon dos.

Je me suis retournée. C'était un professeur vacataire d'un certain âge. Il tenait un paquet de cigarettes.

— Monsieur Kamata ! Ne vous mêlez pas de la conversation ! ai-je rétorqué, les yeux sur sa calvitie naissante.

J'avais envie de lui arracher une poignée de cheveux. J'étais bien placée pour savoir à quel point j'étais nulle.

— Mais puisque tu t'en es rendu compte, tout n'est pas perdu, a-t-il lâché avant de gagner le coin fumeur d'un pas pressé.

C'était peut-être le meilleur de tous les encouragements. Même si je ne me sentais pas mieux pour autant.

Masato avait bien bossé. Tandis que moi, je n'avais rien fait.

Je me suis doucement approchée de Reina, qui était allongée.

— J'ai perdu face à Masato... Tu parles, il n'y a même pas eu de match. Puisque je n'ai pas présenté de tableau.

Elle m'a caressée.

— Qu'est-ce que je vais devenir, alors que je ne sais que dessiner ? Mimi, tout me revient dans la tronche, tout ce que j'ai balancé aux autres parce que je me croyais plus forte qu'eux, tout ce que je leur disais, qu'ils étaient nuls, qu'ils feraient mieux d'abandonner...

Elle tremblait.

— Au secours, je me déteste tellement...

J'ai doucement recueilli, du bout de la langue, une larme qui coulait sur sa joue. Elle était tiède. Elle avait le goût de son existence.

Sa force la quittait. J'ai repensé à Chobi, pour la première fois depuis très longtemps.

CHAPITRE 5

Cela faisait longtemps que je n'avais pas vu Chobi. Il était plus petit que dans mon souvenir. C'est peut-être moi qui avais grandi.

Sans faire cas de ma gêne, il s'est adressé à moi comme à une amie qu'il aurait vue la veille.

— Ne t'en fais pas, Mimi, ça va s'arranger, a-t-il répété plusieurs fois.

— Comment le sais-tu ?

Devant lui, c'est toujours un ton un peu mièvre qui me vient.

— Aucun humain n'est fort en permanence, mais aucun ne reste indéfiniment abattu non plus.

Il a regardé mon gros ventre et a dit :

— Toutes mes félicitations !

Je porte des chatons. Ceux de Crochet.

Je suis devenue adulte plus vite que Chobi.

D'habitude, je crois toujours ce qu'il dit, mais pas cette fois. Je suis terriblement inquiète.

J'ai entamé les préparatifs pour ma mise bas. Je suis moi-même sans plus vraiment l'être. Je suis à la fois moi et nous. Je suis faible et en même temps, j'emmagasine des forces pour l'instant de la délivrance qui ne va pas tarder.

Le courage de me dresser contre tout ce qui pourrait me priver de mes petits et la peur de ce qui attend mon corps forment un tourbillon dans lequel je m'égare.

Dans tout cela, il y a une seule chose que je ne perds pas de vue.

C'est de ne surtout pas déranger Reina.

Elle est blessée. Affaiblie. Je ne veux pas lui causer de souci.

À l'approche de l'accouchement, mon comportement est devenu intuitif, gouverné par des réflexes ancestraux. Mon instinct me dicte tout ce qu'il y a à faire.

Je me suis faufilée dans un placard des parties communes de l'immeuble. Entre une paire de skis et une pile de cartons, j'ai aménagé un lit avec des chiffons rapportés d'un peu partout. Le froid de l'hiver m'épuisait.

Dès le début des contractions, j'ai su.

Mon corps ne tiendrait pas jusqu'à la fin.

Je suis une petite chatte un peu sourde, la plus faible de la portée. Devenir mère ne suffisait pas à effacer cette réalité.

Le premier chaton est né. J'ai déchiré la membrane qui l'entourait pour qu'il puisse respirer.

Lorsque j'ai entendu un tout petit miaulement s'élever, une joie sans pareille m'a envahie. Quel bonheur de vivre !

— … Mimi…

C'était la voix de Crochet.

L'heure était grave, mais comme j'entends mal, je n'arrivais pas à saisir ce qu'il disait.

— Qu'y a-t-il, Crochet ?

J'ai tenté de me rapprocher de lui, pour l'entendre. Des cosmos rose pâle fleurissaient autour de moi. Ils sentaient délicieusement bon.

Crochet s'est éloigné.

— Attends…

Une douleur fulgurante m'a traversée.

— Aïe !

Quelqu'un m'a mordu la queue. Crochet et les cosmos ont disparu. Autour de moi, le placard était plongé dans la pénombre.

C'est Chobi qui me mordait la queue.

— Qu'est-ce que tu fais ici ?

La colère de le voir empiéter sur mon territoire a jailli en moi.

— Je vais chercher ta maîtresse, a-t-il dit d'une voix posée.

— Ne te mêle pas de ça ! ai-je feulé, tous mes poils hérissés.

— Mais tu es en danger !

Sans se préoccuper de mes protestations, il a bondi dans la neige.

J'avais échoué à être forte jusqu'au bout.

Je ne sais pas si ce sont les contractions ou mon cœur, mais j'ai horriblement mal.

Reina ne voudra sans doute pas me sauver.

Ces derniers jours, je n'ai pas vu Mimi. Peut-être qu'elle aussi m'a abandonnée.

Alors que je lui ai acheté des boîtes de pâtée, et que je l'attends.

Une tache blanche est passée derrière la vitre.

Mimi ?

Quand j'ai ouvert, un chat blanc se tenait devant la fenêtre. Il avait un collier. Je le connaissais. C'est celui que Mimi avait amené, un jour.

Il s'est mis à courir, comme pour m'inviter à le suivre.

Je lui ai emboîté le pas avec un mauvais pressentiment.

Il m'a guidée vers un placard dans les parties communes. À l'intérieur, j'ai découvert un chaton nouveau-né qui miaulait faiblement et Mimi, couverte de sang.

— Oh là là, comment faire ?

Paniquée, mais consciente qu'il fallait agir, j'ai téléphoné à tous les gens que je connaissais.

Le premier à répondre a été Masato.

— J'arrive tout de suite.

Il a sauté dans un taxi pour me rejoindre tandis que je proférais des propos incohérents.

CHAPITRE 6

Enfin, le printemps est arrivé.

L'atelier de Reina est envahi par mes chatons.

Un humain appelé Masato nous a emmenées à l'hôpital, Reina et moi, où j'ai mis au monde les derniers petits. Il me reste une large cicatrice sur le ventre. Ça n'est pas très joli, mais comme ça, je fais la paire avec Crochet.

Reina regarde fixement mes chatons.

Ne les abandonne surtout pas ! Je ne te laisserai pas faire.

— Mimi, ce n'est pas la peine de prendre un air aussi farouche. Je vais trouver un gentil maître pour chacun.

Elle a passé une tonne de coups de fil et, comme promis, mes bébés ont été adoptés par des gens bien. J'ai passé chacun en revue. Quand quelqu'un ne me plaisait pas, je cachais les chatons.

Ce tableau de Reina : moi avec mes cinq petits.

Je le regarde et je pense à eux, comment vont-ils ?

Il y a eu un autre changement, aussi. Après l'accouchement et le sevrage, je suis restée chez Reina.

Elle est ma maîtresse, maintenant.

Depuis, je suis son chat à Elle.

TROISIÈME PARTIE

SOMMEIL ET CIEL

CHAPITRE 1

Je me suis disputée avec ma meilleure amie. Mari, que j'adore. Depuis l'école primaire, on a toujours été copines.

Je l'ai rencontrée en quatrième année. Comme elle avait manqué l'école à cause d'une maladie grave, elle avait un an de plus que moi, mais ça ne nous gênait pas du tout.

— Quand je t'ai vue, Aoi, j'ai cru me voir, m'a-t-elle dit plus tard.

J'avais pensé la même chose, alors ça m'a fait plaisir.

Mari et moi, on était tout le temps ensemble, à l'école comme à la maison, et nos familles ont très vite commencé à se fréquenter. Je suis fille unique et, pour moi, Mari était vraiment comme une sœur. Ou plutôt non. Si j'avais une sœur, plus jeune ou plus âgée, je suis sûre que je ne m'entendrais pas aussi bien avec elle.

C'est peut-être parce qu'on était tout le temps fourrées ensemble, les profs et nos parents disaient qu'ils n'arrivaient pas à nous différencier tellement on se ressemblait, physiquement comme de caractère. Nous étions des jumelles spirituelles.

On avait les mêmes cours de prédilection (les travaux manuels) et le même plat favori. Pareil pour notre émission de télévision et notre chanteur préférés. Une fois, Mari s'est soudain mise à fredonner la chanson qui me tournait en boucle dans la tête, c'était incroyable. On était mortes de rire, c'était dingue de penser en même temps à une chanson si peu connue !

Jusqu'au même garçon dont on est toutes les deux tombées amoureuses.

Si on a réussi à ne pas se fâcher malgré tout, c'est parce qu'en réalité, notre cœur battait pour un personnage de manga.

On nourrissait notre passion en énumérant ce qui nous plaisait chez ce garçon. Quand je disais que j'avais envie d'aller ici ou là avec lui, pour faire ceci ou cela, Mari inventait ce qu'il me dirait sûrement dans ces situations.

C'était super, et Mari et moi, on a passé notre adolescence dans ce monde rien qu'à nous.

Comme on aimait toutes les deux dessiner, on a envoyé ensemble un courrier à l'auteur de notre manga favori, avec un dessin inspiré de son univers. Quand il nous a répondu avec une carte de vœux (et en plus, une chacune !), on était folles de joie.

Au début, nos mangas étaient pour ce mangaka ou pour nos parents, mais petit à petit, on a eu envie de se lancer dans des choses plus compliquées. Au lieu d'imiter les personnages d'autres dessinateurs, on s'est mises à en créer.

Finalement, Mari inventait les histoires et moi je les dessinais.

Elle savait encore mieux que moi ce que j'avais envie de mettre en images.

Une fois, on a photocopié nos mangas à la supérette et on a agrafé les pages ensemble pour les vendre dans une manifestation. Il y a des endroits comme ça, où chacun apporte ses propres livres.

On n'a rien vendu, mais c'était sympa.

Au moment de trouver un travail, on a quand même choisi chacune le sien, mais Mari me rendait visite presque tous les jours et nous parlions de nos dessins, de notre univers à nous.

Nos fascicules amateurs sont devenus des mangas fabriqués chez un imprimeur, des petits tirages qui se vendaient de mieux en mieux.

C'est là, dans une manifestation où l'on proposait nos livres, qu'un éditeur nous a abordées. Quelqu'un de la maison d'édition d'un magazine de mangas super connu.

On avait été repérées !

Mari et moi, on était aussi heureuses que le jour où le mangaka nous avait répondu.

Mais, avec le recul, c'est à cause de ça que notre relation s'est détraquée.

Il était convenu qu'on dessine un manga pour cet éditeur ; finalement, le temps a passé sans qu'on y arrive.

Ce jour-là, on était assises face à face dans un fast-food de poulet frit.

— Pardon, Aoi, m'a dit Mari.

Moi, je continuais à manger en silence, les doigts pleins de gras et l'air renfrogné.

Elle n'arrivait plus à écrire. La date limite que je lui avais fixée n'y avait rien fait, celle de l'éditeur non plus ; elle n'avait pas trouvé de nouvelle histoire.

Sans ses scénarios, je ne pouvais rien dessiner.

Jusque-là, elle avait écrit pour moi. Mais désormais, il lui fallait s'adresser à une entité floue, dépourvue de visage : les lecteurs.

Je pensais que si elle écrivait pour moi, elle pouvait le faire pour n'importe qui. Elle n'y arrivait pas ? C'était juste qu'elle n'essayait pas.

Elle n'était pas en forme ? Ça aussi, ce n'était que des excuses, à mon avis.

Je ne me préoccupais pas d'elle, tout ce que je voyais, c'était que la chance inespérée qui nous était offerte de débuter dans ce métier allait nous filer entre les doigts.

Face à Mari qui marmonnait des excuses, pour la première fois de ma vie, j'ai senti la colère me gagner.

— Mais crève donc ! ai-je balancé.

C'était vraiment horrible de ma part.

Elle m'a laissé dire, sans un mot. Jamais je n'oublierai la façon dont elle a pâli.

Le lendemain, mes mots sont devenus réalité.

Le moment le plus froid et le plus terrible de l'année est arrivé. Les proies se font rares et, en plus du manque de nourriture et d'énergie, le froid impitoyable vous dérobe vos forces.

L'hiver, c'est la saison à laquelle meurent les plus faibles.

Kuro ne sait plus à combien d'hivers il a survécu.

Il se met en marche d'un pas indolent qui fait tressauter une généreuse couche de graisse à l'abri sous une épaisse fourrure. Tant pis pour l'allure, cette graisse, c'est elle qui le protège.

La couleur d'origine de son pelage, Kuro l'a oubliée. Aujourd'hui, elle couvre toute la palette de nuances du noir au marron, bien mélangées.

Quand il fait aussi froid, c'est la plaie d'avoir à patrouiller son territoire.

— C'est que je commence à me faire vieux…

Son murmure, aucun autre chat n'est là pour l'entendre. La mort de Crochet a fait de lui le plus fort des chats de gouttière du coin. Plus personne ne recherche sa compagnie.

Être le roi, c'est être solitaire. Les autres chats ne l'approchent que rarement. De temps à autre, un félin téméraire le provoque dans l'espoir de le détrôner, avant de repartir la queue entre les pattes.

Kuro a le visage balafré, mais sa queue et son derrière sont aussi doux que ceux d'un chat domestique. Jamais il n'a tourné le dos à un ennemi.

Son territoire est vaste. Par-dessus le marché, il doit aussi garder un œil sur celui des autres. Ça, c'est John le chien – à qui il est redevable – qui le lui a demandé.

Kuro n'a de lieu fixe ni pour manger ni pour dormir. Il est chez lui partout dans le quartier.

— Allons, qu'est-ce qu'on mange à midi… ?

Dans son esprit différents menus défilent. La pâtée de la mamie du parc. Le restaurant chinois où il a ses entrées. La porte de service de l'italien et sa poubelle mal fermée… Tiens, et pourquoi pas des croquettes, aujourd'hui ? Ça fait longtemps qu'il n'en a pas gobé.

Sa décision prise, il se met en marche.

Au fur et à mesure qu'on s'éloigne de la gare, les rues s'élargissent et la taille des immeubles diminue. Il se faufile parmi les arbres dénudés entre lesquels apparaît un sanctuaire.

Derrière le sanctuaire se dressent des rangées de maisons toutes pareilles. Chaque croisement, chaque rue qu'on traverse offrent le même paysage qui vous colle le tournis.

C'est bien pour ça que les autres chats n'approchent pas d'ici, songe Kuro.

Il a ses habitudes dans l'un des pavillons de ce lotissement.

Cela dit, son dernier passage remonte à l'été. Ça fait une paie. Les luttes territoriales entre jeunes chats l'ont empêché de venir pendant longtemps.

Le gazon bien vert la fois précédente est désormais tout jauni. Mais c'est plus sympa comme ça sous les pattes.

Après avoir profité tout son soûl des sensations procurées par l'herbe sèche, Kuro saute sur les parpaings du mur de séparation entre les maisons, d'où il s'élance d'un bond sur l'auvent en plastique de la place de parking. De là, il rejoint l'étage.

Le balcon est jonché d'un désordre de pots de fleurs vides et d'outils de jardin, parmi lesquels une paire de sécateurs rouillée. Une assiette en aluminium gît entre une plante grasse fanée et l'unité extérieure du climatiseur.

Kuro saute dessus pour jeter un coup d'œil dans la pièce. Les rideaux à grands motifs floraux sont fermés. Il s'approche de la vitre : elle est froide.

— Miaou, miaou ! lance-t-il d'une voix mielleuse, à tout hasard.

Si un chat l'entendait, son aura de boss en prendrait un coup, mais normalement, personne ne s'aventure par ici.

D'une patte, il effleure la vitre qui garde son empreinte. La poussière s'accumule dans les coins. La fenêtre n'a pas été ouverte depuis longtemps, dirait-on. Les plantes sur le balcon aussi sont à l'abandon.

— Elles ne sont pas là ?

D'habitude, les deux filles d'ici lui donnent à manger…

Les corbeaux se mettent à croasser comme pour se payer sa tête, ça l'énerve. L'assiette en alu est pleine d'eau de pluie sale. Personne d'autre n'est venu, *a priori*.

Il bâille à s'en décrocher la mâchoire et attend encore un peu, on ne sait jamais, mais il n'y a aucun signe de présence des filles. Ça faisait pourtant un bail, dommage.

— Bon, c'est pas tout, mais je n'ai pas que ça à faire…

Kuro se met en marche, le ventre vide, prêt à reprendre sa ronde.

Les croassements bruyants des corbeaux m'ont réveillée.

Il fait plus doux dans la chambre. On sent les rayons du soleil à travers les épais rideaux à grosses fleurs.

Un instant, je suis désorientée, on est le matin ou le soir ? Le miroir en pied me renvoie mon image alors que je m'extirpe du lit. Un pyjama tout froissé que je porte depuis je ne sais combien de jours. Des cheveux en bataille, immondes. Le silence règne dans la maison ; mes parents sont partis au travail depuis longtemps.

J'ai beau ne rien faire, j'ai faim quand même. Je gagne la cuisine au rez-de-chaussée.

Sur la table, des sandwichs recouverts de film alimentaire m'attendent, mais ça ne me fait pas envie ; j'ouvre le frigo. Dedans, il y a un paquet d'éclairs.

Seule la première bouchée me paraît bonne. Écœurée par le sucre, je finis par en jeter plus de la moitié.

Dehors, les corbeaux continuent leur raffut. J'ai l'impression qu'ils sont de plus en plus nombreux. Sans doute fouillent-ils les poubelles en bande. Quelqu'un a dû laisser traîner des détritus. Je n'ai pas le courage d'aller vérifier. Ça fait longtemps que je ne suis pas sortie.

Je gravis l'escalier d'un pas lourd.

Je m'écroule sur le lit où je m'endors, la couverture remontée sur la tête, en position fœtale.

Le timbre d'un grelot retentit, drelin !

Une petite Mari, de l'époque où nous étions au primaire, se tient dans ma chambre.

Un grelot est accroché au bracelet de fils multicolores qu'elle porte autour du poignet. Un bracelet brésilien. On les fabriquait soi-même avec du fil à broder, c'était à la mode à l'époque. Celui de Mari était très réussi, tandis que le mien était un peu moche ; elle l'avait malgré tout porté avec joie. Si mes souvenirs sont bons, quand le bracelet brésilien se détache sous l'effet de l'usure, votre vœu se réalise.

— Pardon, Mari.

Je m'excuse, sa petite main dans la mienne. Le grelot tinte, drelin, drelin.

— Mais non, Aoi, tu n'y es pour rien.

Mari me sourit gentiment.

Soulagée, j'ai envie de boire quelque chose. La scène a changé, je me trouve maintenant dans le coin-cuisine de la première entreprise où j'ai travaillé, une tasse à la main.

Quelque chose est tapi dans la pénombre au fond de la pièce, je le sais. Pourtant, je n'arrive pas à m'en aller.

— Aoi !

La petite Mari vient à mon secours.

— Ne t'en fais pas pour moi, Aoi, pars !

Elle se précipite dans les ténèbres. Effrayée, je m'enfuis.

Je l'ai abandonnée à son sort.

Une piscine vide, maintenant. Au fond, sur le carrelage pareil à celui d'une salle de bains, coulent çà et là des filets d'eau, et un peu partout des sacs-poubelle troués vomissent des détritus.

Voilà où je me retrouve, parce que j'ai abandonné Mari à son sort.

— Pardon, Mari…

Le grelot tinte, drelin.

— Aoi !

Je l'aperçois, assise sur le plongeoir.

— Tu peux t'enfuir si tu veux, dit-elle avec un grand sourire.

— Mari…

Elle m'y autorise. En même temps que le soulagement, je sens monter l'incrédulité. Ce n'est pas ce qu'elle pense. C'est un rêve que me montre mon esprit pour me protéger, je le sais.

Au fond de la piscine, des feuilles de journaux mouillées remuent dans un froissement, comme un être vivant.

Un croassement s'en échappe ; je me suis réveillée.

J'ai entendu les corbeaux à l'extérieur.

Je rêvais de Mari.

Elle n'est plus de ce monde.

— Mais crève donc ! lui avais-je dit.

Le lendemain, elle mourait d'une crise cardiaque.

Mon portable avait sonné, c'était sa mère qui m'appelait depuis le téléphone de Mari pour me l'apprendre. Une crise cardiaque… ce n'était ni le nom de sa maladie ni la cause de sa mort. Simplement, son cœur avait cessé de battre quand on l'a trouvée.

Mari avait depuis longtemps une insuffisance cardiaque.

Mais je savais. Je savais que c'était moi qui l'avais tuée.

J'ai voulu me précipiter aussitôt chez elle, mais à peine avais-je franchi le seuil de la maison que j'ai cru que mon cœur allait exploser. J'étouffais. Un voile noir est descendu devant mes yeux, comme quand on perd connaissance, et je me suis effondrée.

Il paraît que c'est une maladie mentale courante ; le nom, on s'en fiche.

Depuis, je n'arrive plus à mettre le pied dehors.

Quand j'ai passé le museau par-dessus le bord de la table basse chauffante, maman a paresseusement émergé de sous la couette qui garde la chaleur, avant de s'allonger dessus.

Se réchauffer sous la table puis se rafraîchir sur la couette et, quand on commence à avoir froid, retourner se glisser au chaud, il n'y a pas mieux, d'après elle.

— Maman, regarde ! ai-je lancé à ma mère allongée sur la couette.

— Oui, Cookie.

Les moustaches et les oreilles bien droites, elle m'observe, attentive.

Je suis le bébé de maman et je m'appelle Cookie. J'ai une fourrure blanche avec des rayures chocolat qui font des motifs qui ressemblent à des cookies marbrés, c'est pour ça que Reina m'a donné ce nom. Les cookies, je ne sais pas ce que c'est, mais ça doit être un truc génial, c'est sûr.

— Tu regardes, j'y vais ! ai-je annoncé, mais avant de sauter, j'ai besoin de me préparer psychologiquement.

Je vais et je viens sur le plateau, je regarde pardessus bord, je recule. Petit à petit, je rassemble le courage de sauter.

Enfin, je bondis, de toutes mes forces.

Plof ! J'atterris sur la couette, à côté de maman.

— J'ai réussi ! Super !!

Maman semble contente :

— Bien joué Cookie, bravo !

Elle m'attrape pour me lécher partout. Quand elle me fait ma toilette, ça chatouille agréablement. Je ronronne.

— Moi, j'arriverai bientôt à sauter d'encore plus haut, dis-je en frottant ma nuque contre maman.

— Bien sûr !

— Depuis le plafond, et même depuis le toit, j'y arriverai.

Je suis sûre que j'en serai capable, de n'importe où.

Dans la pièce, il y a plein d'endroits d'où sauter. Les affaires de peinture de Reina, les piles de magazines, le placard toujours ouvert. Je vais conquérir ces sommets un à un, avec maman.

— Oui, c'est sûr.

Maman m'a léchée encore une fois.

J'ai quatre frères et sœurs, qui ont tous trouvé un maître. Je suis la seule à être restée chez Reina. J'étais la plus petite, et toujours malade, alors personne n'a voulu de moi. C'est triste de se faire rejeter, mais je suis super contente de pouvoir rester avec maman.

Pendant que je m'entraînais à sauter, un vent froid a soufflé. La porte d'entrée s'est ouverte.

— Me voilà !

C'était Reina.

Quand je suis rentrée, Mimi est venue à ma rencontre, Cookie sur ses talons.

Après m'avoir reniflée, elle a frotté sa nuque contre mes jambes.

— Je sens l'extérieur ? lui ai-je demandé.

Cookie, comme sa mère, m'a flairée.

Sérieux, un chaton, c'est trop mignon, à en perdre la tête. Quand je regarde Cookie, je sens ma détermination s'éroder, je serais prête à m'attendrir complètement.

Les chattes sur les talons, je me suis installée à la table basse chauffante.

— J'ai trouvé quelqu'un pour Cookie.

Mimi avait sans doute compris. Ses poils se sont hérissés.

Peut-être avait-elle eu l'intention de toujours s'occuper de Cookie, le plus fragile de ses chatons. Mais franchement, entretenir toute seule deux chats, c'est dur. En journée, je suis à l'école, et bientôt, pour préparer le concours d'entrée aux Beaux-Arts, je vais devoir voyager hors de Tokyo, parfois.

— Tu sais, Mimi, c'est dans le quartier, tu pourras aller la voir quand tu voudras.

Sans m'écouter, elle a attrapé la petite par la peau du cou et s'est glissée sous la table basse.

À l'intérieur, Cookie a miaulé. Sûrement qu'elle ne pige pas.

Mimi est ressortie, toute seule, pour me donner un coup de patte sur la jambe. Comme si elle me disait :

— Elle est trop petite pour partir.

Le lendemain, en fin d'après-midi, la future maîtresse de Cookie est venue. C'est une dame du voisinage. C'est ma grand-mère qui l'a dénichée. Mamie, je lui dois tant !

Cette dame, d'un âge qui la place juste entre ma grand-mère et ma mère, s'habille de façon plutôt stricte.

Quand mes yeux se sont posés sur le petit cadeau qu'elle tenait à la main, je n'ai pas pu m'empêcher d'éclater de rire :

— Le chaton s'appelle Cookie, vous savez.

— Ça alors !

Elle a laissé échapper un petit rire élégant. Elle avait apporté des cookies.

— Dans ce cas, je continuerai à l'appeler ainsi.

— Vous pouvez lui donner un autre nom.

— Celui-là me plaît. C'est mignon, non ?

Elle avait l'air sympathique, tant mieux.

— Vous avez déjà eu un chat, n'est-ce pas ? ai-je demandé par acquit de conscience en servant le thé.

— Quand ma fille était petite… Cela fait déjà presque vingt ans. À sa mort, elle a pleuré toutes les larmes de son corps et du coup, je pensais ne jamais en reprendre.

— Je suis rassurée que ce ne soit pas la première fois.

J'ai disposé dans la cage toute neuve qu'elle avait apportée la couverture préférée de Cookie et un sac plastique de sable pour sa caisse. Cookie, curieuse, reniflait la cage ; elle y est entrée de son propre chef. Elle est vraiment de bonne composition.

La dame s'est accroupie devant Mimi.

— J'emmène votre fille avec moi.

Un éclair d'inimitié a traversé les yeux de Mimi. Vite, je l'ai prise dans mes bras. Sa queue a gonflé : la preuve qu'elle est très en colère.

— Cookie, je suis contente que tu viennes, a lancé la dame au chaton qui ouvrait de grands yeux dans la cage.

Mimi s'est échappée d'entre mes bras pour aller se faire les griffes sur la planche à cet usage. Comme si elle cherchait à évacuer son stress.

Après avoir écouté mes recommandations sur la nourriture préférée de Cookie et son apprentissage de la propreté, la dame l'a emmenée.

Mimi a poussé un miaulement sonore :

— J'irai te rendre visite, Cookie !

Cookie a répondu d'une voix pitoyable :

— Tu me le promets, maman ? Promis, hein !

Voilà ce que je croyais les entendre dire.

Le dernier chaton de la portée a quitté la maison.

— C'est fini.

J'ai déposé une tendre caresse sur le dos de Mimi.

CHAPITRE 2

— C'est calme, ici…

Dans ma maison d'avant, il y avait toujours de l'animation et Reina ou maman pour s'occuper de moi. Ici, la dame qui m'a ramenée et l'humain qu'elle a pour mari partent dès le matin pour rentrer tard le soir.

Je suis toute seule et au début, je ne faisais que pleurer, mais j'ai fini par m'habituer et j'ai enfin commencé à avoir envie d'explorer mon environnement.

J'ai passé un moment à m'amuser à monter et descendre les escaliers. Il n'y en avait pas chez Reina, mais les escaliers, c'est drôlement chouette.

Ensuite, après avoir bu de l'eau et grignoté quelques croquettes croustillantes, j'ai cherché un endroit où m'allonger.

En quête d'un coin ensoleillé, je me suis lancée à l'assaut de l'étage.

Je me suis faufilée par une porte entrouverte et un peu plus, je frôlais la crise cardiaque.

Parce que dans la pièce plongée dans le noir, une humaine était assise.

Les poils hérissés, j'ai fait un bond en arrière, d'un bloc. Le bruit a attiré son attention. C'était une fille, ses longs cheveux attachés n'importe comment. Elle portait le genre de vêtement que met Reina pour dormir.

Devant la fenêtre, des rideaux à grosses fleurs laissaient filtrer la lumière du jour, vaguement illuminés.

L'humaine s'est lentement tournée vers moi et a dit :

— Va-t'en.

Tout de même ! J'ai pris mon courage à deux mains pour demander :

— Tu es qui ?

Mais elle s'est contentée de répéter « va-t'en ».

Dans la pièce régnait à peu près la même atmosphère que chez Reina. Mais il y avait plus de livres et de bibelots ici.

Je me suis approchée pour renifler l'humaine. Elle sentait la proie. L'odeur du gibier, de celui qu'on chasse, qui est affaibli.

Elle m'a effleurée. À l'endroit qu'elle a touché, ça m'a picoté, comme si sa douleur se transmettait à moi.

Croaa !

Un grand cri a retenti de l'autre côté de la fenêtre et j'ai de nouveau fait un saut en arrière, des quatre pattes. Dans un bruit d'ailes, la silhouette d'un gros oiseau s'est dessinée derrière le rideau.

Là, j'ai perdu mon sang-froid et je me suis mise à courir en tous sens. Vite, un endroit où me cacher, n'importe où ! Sous le bureau, derrière le radiateur, entre deux piles de magazines… j'ai cherché partout, de toutes mes forces.

— Arrête ! a-t-elle crié d'une voix éraillée.

J'ai grimpé sur la plus grande étagère et, tout en haut, j'ai gonflé ma queue autant que je le pouvais.

— Ma chambre…

La fille s'est mise à pleurer, le visage entre les mains.

Pourquoi ces larmes ?

La silhouette de l'oiseau avait disparu, ai-je noté. J'avais eu chaud. Pour me calmer, j'ai commencé à faire ma toilette.

J'ai découvert de jolis fils, accrochés à une de mes pattes. Des fils attachés entre eux, avec un grelot argenté. Ils ont dû se coller à moi pendant que je courais en tous sens.

Je suis descendue en souplesse de l'étagère et je me suis approchée d'elle qui pleurait.

Drelin !

À chacun de mes pas, le grelot tintait. C'était enquiquinant.

— Dis, tu m'enlèves ce truc, s'il te plaît !

Elle a arrêté de pleurer pour me regarder puis, les fils et le grelot dans la main, elle s'est mise à sangloter de plus belle.

Je n'y comprenais rien.

— Merci ! Merci de l'avoir trouvé !

Elle m'a prise dans ses bras et, lentement, elle a battu des paupières. Ça m'a rassurée.

— Cookie !

J'ai répondu d'un miaulement.

— Cookie, moi, c'est Aoi. Enchantée.

Ensuite, Aoi m'a donné à boire.

Les yeux sur le bracelet brésilien dans ma main, je croyais rêver.

J'étais contre l'idée d'adopter un chat. Je ne voulais surtout pas qu'il salisse mes dessins, et puis, je comprenais bien que c'était pour me soigner, et ça me déplaisait. Parce que si je reconnaissais que j'étais malade, je risquais de vraiment le devenir.

Mais cette chatte, Cookie, a retrouvé le bracelet brésilien de Mari. Celui qu'elle avait perdu dans ma chambre, il y a une éternité.

Cookie lape son eau de toutes ses forces.

Mari aimait les chats.

D'ailleurs, la première fois qu'elle est venue ici, c'était pour voir notre chat, je crois bien. Jessica, la chatte que mes parents avaient avant ma naissance, était vieille, elle ne se pressait jamais. Quand elle est morte, Mari et moi on a pleuré comme des fontaines ; je me souviens qu'on l'a accompagnée au crématorium.

Après, ma mère n'a pas voulu reprendre d'animal, et Mari et moi, on a essayé d'attirer un chat de gouttière du quartier avec de la nourriture.

C'est un gros chat tout sale qui s'est pointé. Il venait de temps en temps manger des croquettes sur le balcon, avec une façon de s'empiffrer assez rigolote.

— Merci Cookie ! ai-je dit.

Elle m'a répondu miaou.

La maison à un étage d'Aoi est occupée par trois personnes. Aoi et ses deux parents. Je n'intéresse pas tellement son père. C'est réciproque. Sa mère est l'humaine qui m'a amenée ici. Comme elle me salue poliment, je lui lance parfois un miaulement en retour, quand je suis d'humeur. Elle rentre en milieu de journée, prépare à manger pour Aoi et repart sans tarder.

Aoi se lève vers midi pour avaler en silence le repas laissé par sa mère. Avant ça, elle me nourrit.

Donc, ma maîtresse, c'est Aoi ; je suis son chat à Elle… enfin, je pense.

Elle reste toute la journée à la maison ; souvent, à sa tête, on se demande si elle est vivante ou morte. Alors que sa chambre regorge d'objets qui ont l'air amusant, je ne l'ai jamais vue s'en servir.

Même quand je l'invite à jouer, elle se contente de me fixer, les yeux dans le vague ; c'est rare qu'elle joue avec moi.

Malgré tout, elle ne fait pas mine de me laisser sortir.

La plupart du temps, elle reste au lit, les yeux fermés ; elle dort presque autant que nous les chats.

La différence avec nous, c'est que parfois, elle pleure. Quand on pleure trop, ça fait des traces sous les yeux et c'est moche, m'a appris maman. Je l'ai dit à Aoi, mais je ne sais pas si elle a compris.

Je ne sais pas non plus pourquoi elle a tant de chagrin.

De temps en temps, je pleure parce que j'ai envie de voir maman, mais je ne suis pas triste tout le temps comme Aoi.

Quand je la regarde, des fois, j'ai du mal à respirer.

J'ai passé mon tout premier hiver dans cette maison silencieuse, sans faire le moindre bruit.

CHAPITRE 3

Le printemps est arrivé, bien trop vite.

Tout l'hiver, j'ai fait des insomnies. La nuit, je pensais qu'au matin je sortirais, et j'étais motivée, mais au lever du jour, la simple idée de quitter la maison provoquait des crises d'angoisse terribles. Que faire si, une fois de plus, des douleurs m'assaillaient, comme si on m'écrasait le cœur ? Que faire si j'étouffais ? Rien que la perspective de sortir me paralysait. J'étais terrifiée, à en crever.

Malgré tout, j'ai envie de sortir. Donc, j'ai progressivement réduit mes occupations à l'intérieur de la maison. Si je n'ai plus rien à faire chez moi, peut-être que j'arriverai à me lancer.

Je me suis débarrassée de mon téléphone portable, de ma télé, de mes livres et de mes mangas.

Bien que délestée de tout ça, je suis incapable de bouger.

Je suis navrée pour Mari et pour mes parents, et je m'en veux continuellement.

Ces derniers temps, je mange de plus en plus souvent seule. Je préfère que personne ne me voie.

Malgré ce sentiment d'urgence qui me pousse et menace de m'écraser, rien n'y fait.

Je ne rêve plus de Mari.

Même les mirages m'ont abandonnée.

Le printemps est arrivé et les cerisiers ont fleuri. C'était la première fois que je voyais quelque chose d'aussi beau.

Même Aoi qui garde toujours ses rideaux fermés les a ouverts pour l'occasion et on a regardé les fleurs de cerisier ensemble, elle et moi.

J'ai senti une présence sur le balcon.

L'attaque étant la meilleure des défenses, j'ai fait de mon mieux pour impressionner l'ennemi. De l'autre côté de la vitre se tenait un grand et gros chat à la fourrure toute sale.

— Tu veux te friter avec moi ? a-t-il grogné.

— Exactement. En garde ! ai-je rétorqué en frappant la vitre.

Avec du verre entre nous, rien ne me fait peur. Parce que je suis en sécurité, quel que soit l'adversaire.

— C'est de famille, chez vous, d'être culottés comme ça, a remarqué le gros chat.

— Maman n'est même pas culottée.

Il disait du mal de maman, ça m'a énervée.

— Je ne parle pas de ta mère, mais de ton père.

— Tu connais mon papa ?

— Je connais tout le monde et je sais tout.

— Alors, j'ai une question à te poser.

— Sur ton père ?

— Non.

Maman m'avait beaucoup parlé de lui, je savais tout.

— Sur Aoi. Je suis son chat à Elle, qu'est-ce que je peux faire pour qu'elle aille mieux ?

— J'en sais rien.

— Tu viens de dire que tu savais tout… Menteur, va !

— Mais quelle sale gosse…

Alors que le gros chat me fusillait du regard, Aoi a soudain ouvert la fenêtre.

Non mais ça va pas, la tête !

J'ai failli rester clouée sur place, mais vite, d'un bond, je me suis cachée derrière le bureau. Je me suis pris les pattes dans les affaires d'Aoi qui se sont éparpillées.

Le gros chat a ricané. Aoi a versé des croquettes dans le plat en aluminium du balcon. Le matou s'est jeté dessus.

Sa façon de s'empiffrer était fascinante.

— C'est que tu avais faim, hein…

Sans même me répondre, il a continué à se goinfrer. Ensuite, en s'essuyant la gueule d'un coup de langue, il m'a dit :

— En guise de remerciement pour le repas, je vais me renseigner.

— Te renseigner ? Tu sais communiquer avec Aoi ? ai-je demandé, pleine d'espoir.

— Je vais demander à John. Il sait tout.

Sur ces mots, le gros chat a sauté sur la rambarde du balcon. Il a tourné la tête vers moi, par-dessus son dos imposant.

— Je m'appelle Kuro. Si tu dois vivre dans le secteur, apprends au moins le nom de ton boss.

— Arrête de te la jouer !

Après avoir regardé Kuro s'éloigner, j'ai contemplé Aoi en train de ranger les affaires que j'avais fait voler en tous sens. Dans le tas, il y avait des instruments de dessin comme ceux de Reina.

Reina passait son temps à peindre, mais ici, je n'ai jamais vu Aoi le faire. J'aimerais bien qu'elle s'y mette.

Kuro et les corbeaux ne sont pas les seuls à me rendre visite.

Le copain de maman, un chat blanc nommé Chobi, vient souvent voir comment je vais.

— Salut Cookie !

Chobi est toujours posé et poli.

— Bonjour monsieur Chobi. Comment va maman ?

— Elle est en forme, mais l'autre jour, elle s'est teint le flanc droit en rose avec de la peinture.

En imaginant la scène, on a ri, M. Chobi et moi.

Je n'aime pas Kuro le chat de gouttière parce qu'il ne me laisse pas parler, mais j'aime bien M. Chobi, parce qu'il m'écoute.

Maman m'a dit que si je devais me marier, il valait mieux choisir un bon chasseur, mais moi, je préférerais un chat comme M. Chobi.

CHAPITRE 4

L'été est arrivé ; le premier anniversaire de la mort de Mari approchait.

Une année s'était écoulée depuis que je l'avais tuée.

— Je n'irai pas ! Tu m'entends ? ai-je hurlé.

Cela faisait longtemps que je n'avais pas crié, ma voix était éraillée.

— Tu dois y aller.

Ma mère avait l'air buté.

— Non.

— Jusqu'à quand comptes-tu rester ainsi ?

Elle a raison. Je le sais bien. Mais j'ai beau le savoir, je n'arrive pas à me contrôler.

— Tu m'enquiquines !

— C'est le premier anniversaire de sa disparition. Tu n'es allée ni aux funérailles ni sur sa tombe.

Je sais. J'aimerais y aller. J'aimerais faire ce qu'il faut, comme il faut. M'excuser devant sa tombe.

— Va-t'en !

Je n'y peux rien.

J'ai repoussé ma mère hors de ma chambre. Puis j'ai bruyamment claqué la porte. Cookie s'est aplatie.

Derrière la porte, ma mère continuait à parler, mais j'ai noyé ses paroles sous des cris inarticulés.

Je l'ai enfin entendue descendre les escaliers. D'un pas exténué.

Je n'arrivais plus à retenir mes larmes qui ne cessaient de couler.

Ce qui lui était arrivé, je l'ai appris à la fois par Aoi elle-même et par Kuro.

— Je ne suis allée ni sur la tombe de Mari ni chez elle. Je voudrais le faire, mais je suis incapable de sortir, m'a-t-elle expliqué en pleurant.

Ce n'est pas parce qu'elle se plaît dans sa chambre qu'elle n'en sort pas. C'est parce qu'elle n'y arrive pas. Rester toujours au même endroit, même agréable et confortable, c'est dur.

Aoi est longtemps restée à pleurer sur son lit. J'ai essayé de la consoler, mais elle était enfermée à l'intérieur d'elle-même.

Un croassement s'est élevé, perçant, et elle s'est faite toute petite.

Des corbeaux atterrissaient sur le balcon. Un, deux, trois, tout un tas.

J'ai tout de suite compris ce qu'ils voulaient.

Si Aoi mourait, ils la dévoreraient, j'en étais sûre.

Il y avait donc, en ce monde, une existence plus faible que la mienne.

Un sentiment nouveau a germé en moi.

J'allais protéger Aoi. J'y étais déterminée.

Sshhh !

J'ai feulé de toutes mes forces en bondissant vers les silhouettes derrière le rideau.

J'ai atterri sur la vitre, plus bruyamment que je ne l'imaginais. Les corbeaux aussi ont dû être surpris. Ils sont partis dans un grand froissement d'ailes.

— Cookie, ça va ?

J'étais à la fois fière de moi et inquiète pour Aoi. Incapable de réprimer ces sentiments qui jaillissaient du plus profond de moi, j'ai couru en tous sens dans sa chambre.

CHAPITRE 5

L'automne est arrivé.

Pareille aux arbres qui perdent leurs feuilles, Aoi est amaigrie ; elle se dispute de plus en plus souvent avec sa mère.

Il arrive qu'elle ne sorte plus de son lit de toute la journée ; dans ces cas-là, j'ai trouvé la solution pour manger des croquettes sans rien avoir à demander.

Un soir d'automne, M. Chobi est venu à un horaire complètement différent de d'habitude.

— Écoute-moi, Cookie. C'est délicat à t'annoncer, mais Mimi ne se porte pas bien.

— Maman ?

— Elle demande à te voir.

— Mais je n'ai pas le droit de sortir.

— Je sais bien. Si tu as un message pour elle, je peux le lui transmettre.

J'ai réfléchi un instant, mais rien de beau ne m'est venu à l'esprit.

— Souhaitez-lui bon courage.

— D'accord. Ça lui fera plaisir.

Aoi s'est levée. Lorsqu'il l'a vue, M. Chobi a détalé.

— Aoi, je veux aller voir ma mère. Elle est malade.

Sans rien dire, elle m'a caressée. Le grelot attaché au bracelet brésilien à son poignet a tinté.

Elle ne comprend pas ce que je dis. Elle ne veut pas me lâcher.

Ça m'a mise en colère. J'ai mordu le bracelet brésilien et j'ai tiré fort.

— Non, arrête, Cookie ! a-t-elle crié. Qu'est-ce que tu fabriques ?

Aoi, s'il te plaît ! Je veux aller voir maman.

— Arrête, va-t'en !

Elle m'a arraché le bracelet et s'est réfugiée dans son lit.

J'ai décidé d'y aller toute seule.

Le midi, quand la mère d'Aoi est revenue, elle a rentré le linge mis à sécher sur le balcon ; j'en ai profité pour filer. Je suis arrivée sur le toit.

J'arriverais à sauter même depuis le toit !

Je l'avais dit à maman, je m'en souvenais.

Oui, c'est sûr.

J'ai cru entendre sa voix. Déterminée, je me suis jetée dans le vide.

Cookie s'est enfuie.

Je suis sûre que c'est de ma faute.

Parce que je lui ai dit « va-t'en ! ».

Un chat d'intérieur est incapable de survivre dehors. Quand Jessica s'est enfuie, on l'a retrouvée tout près de la maison, écrasée par une voiture.

Cookie ne connaît pas le quartier. Elle ne saura pas revenir.

Il y a urgence, mais mes parents sont au travail.

Je dois l'aider.

Pourtant, mon corps refuse de bouger. Ni mon corps ni mon cœur ne m'obéissent.

Ne pas pouvoir assister à la cérémonie pour le premier anniversaire de la mort de Mari a irrémédiablement brisé quelque chose en moi.

Je ne suis plus qu'une coquille vide qui respire.

Que faire ?

Il n'y a rien à faire. Juste à trembler, la tête sous la couette.

Mari, je t'en prie Mari, aide-moi !

Un monde sans plafond.

Quand j'ai levé les yeux vers le ciel d'un bleu infini, je me suis sentie comme aspirée et j'ai pris peur. Je cours en évitant soigneusement de regarder en l'air.

Je cours, je cours, et enfin je comprends : ce monde n'est pas ce que je croyais. Son immensité dépasse largement mon imagination.

C'est effrayant.

Sans doute qu'Aoi aussi, c'est ça qui l'effraie.

Je m'imaginais qu'il me suffirait, une fois dehors, de trotter quelques minutes pour rejoindre maman. Parce que M. Chobi et Kuro viennent toujours me voir comme si de rien n'était.

J'ai senti un autre chat.

Prise d'une peur soudaine, j'ai cavalé comme une dératée pour fuir cette odeur.

Rien ni personne ne me protège.

J'ignorais que le monde, c'était aussi vaste et complexe.

Fatiguée de sillonner en tous sens des ruelles inconnues, j'ai décidé de me reposer au pied d'une haute haie. C'était une erreur.

Lorsque j'ai senti une présence, il était trop tard. Un énorme chat se dressait devant moi.

— Casse-toi !

Son ton était glacial.

— Un instant, s'il vous plaît.

Toutes griffes acérées dehors, il m'a attaquée. J'ai pris mes pattes à mon cou, mais il m'a égratigné le derrière, à la base de la queue.

Je souffrais, j'étais malheureuse et ma queue me faisait mal, mais j'ai continué à courir. Je ne savais plus où j'étais. Arriverais-je à rentrer chez moi… ?

L'idée m'a fait monter les larmes aux yeux, mais je me suis retenue. Je ne voudrais pas que le chat de tout à l'heure revienne en m'entendant pleurnicher.

Je n'arrêtais pas d'y penser.

Si, ce jour-là, j'étais vite allée chez Mari pour m'excuser d'avoir été aussi méchante, peut-être qu'elle ne serait pas morte.

Si j'y étais allée tout de suite. Tout aurait été différent.

Je ne voulais pas répéter la même erreur.

Si j'y allais, je sauverais peut-être Cookie.

Je ne voulais plus laisser mourir personne.

Je devais y aller.

Une fois, Cookie m'avait protégée des corbeaux.

Aujourd'hui, c'était à mon tour.

Je suis sortie de mon lit et j'ai enfilé une veste.

Mari, donne-moi la force. Pardon de te demander ça.

Drelin. Son bracelet brésilien m'a encouragée. Dans la maison, j'arrive à me déplacer. Mon corps fonctionne, ça va.

Cette fois-ci, je vais réussir à sortir.

Gonflée d'une confiance sans précédent, j'ai entrouvert la porte d'entrée.

Aussitôt, ma résolution a fondu. J'ai chancelé.

J'étais incapable de mettre un pied devant l'autre. Alors que ça aurait dû être la même chose qu'à l'intérieur.

C'est comme si un vide s'insinuait depuis la porte d'entrée. J'étouffe.

C'est fichu. Bien sûr que je suis incapable de sortir.

Devant mes yeux, un voile noir. La porte se referme. Je m'accroupis, vacillante.

Au même instant, quelque chose tire bizarrement ma main droite.

Drelin.

Le bracelet brésilien, accroché à la poignée, est sur le point de se défaire.

Non !

Toujours accroupie, le bras tendu pour rattraper le bracelet, je m'écroule contre la porte.

Drelin.

Ma main se referme sur le bracelet de Mari.

En tentant de l'attraper, j'ai fait le premier pas.

J'ai un pied en dehors de la maison.

Je sens le sang se figer dans mes veines. Mais ça va aller, j'ai le bracelet de Mari.

Il est dans ma main, ses fils cassés.

Bien sûr : il a rempli sa mission. Il a exaucé mon vœu.

Je suis capable de sortir.

Je fais un pas hors de la maison. De mon propre chef, cette fois-ci. J'ai les deux pieds à l'extérieur.

Là où se déploie un monde sans plafond.

Merci, Mari.

Je me mets en marche, confiante.

Cookie, j'arrive !

J'avance le long de la rivière, le pas lourd. Le soleil décline.

Mon ombre s'allonge tellement que c'en est effrayant.

Il fait sombre, il fait froid, j'ai peur et je me cache, tremblante, à chaque croassement. Toute seule, je crois perdre la tête.

Exténuée et affamée, j'erre davantage à la recherche de nourriture que de la maison. Je ne sais pas chasser, pas plus que je ne sais où trouver à manger. Donc, il ne me reste qu'à avancer à l'aveuglette.

Un arôme appétissant me chatouille les narines. Un fumet de riz et de bouillon de poisson. Je file droit vers la source de l'odeur : la nourriture est disposée sur une assiette en porcelaine. Du riz mélangé à plein de bonnes choses et recouvert de flocons de bonite séchée. Le tout a refroidi juste à la bonne température.

C'est peut-être le repas d'un autre chat. Eh bien tant pis ! Je me jette dessus. Je n'ai jamais rien mangé d'aussi bon.

— Ça, c'est mon dîner, entends-je dire dans mon dos.

Mon cœur manque de s'arrêter. Je prends une dernière bouchée de riz, les joues gonflées, et me retourne craintivement.

Derrière moi se tient un énorme chat de gouttière, très gros. Je déglutis pour avaler mon riz.

— Kuro !

— Tu as retenu mon nom, fille de Mimi.

— Moi c'est Cookie.

— Toi aussi, on t'a abandonnée ?

— Non !

— Dans ce cas, que fais-tu là ?

— Je suis sortie pour aller voir maman, ai-je dit le plus gaiement possible.

— Une sortie, c'est ça, a-t-il ricané d'un air mauvais.

— Quoi ?

— Suis-moi.

Il s'est aussitôt mis en marche. Je l'ai suivi, bien obligée.

— Vous aussi, Kuro, vous étiez amoureux de maman ?

Comme il se taisait, j'ai posé la question.

— Qu'est-ce que c'est que cette histoire ?

— Tous les chats du quartier étaient amoureux de maman, non ?

— Elle ne doute de rien, ta mère.

— Alors…

— Laisse tomber, tais-toi et suis-moi.

Rassurée par sa présence, j'ai continué à bavarder, mais quoi que je dise, il ne m'a plus répondu.

Nous avons beaucoup marché et je commençais à avoir mal aux pattes quand les odeurs nostalgiques se sont multipliées.

Une senteur de feuilles mortes, des effluves d'huile mêlés de résine de pin… C'était le produit utilisé par Reina pour peindre.

J'ai dépassé Kuro en courant.

La nuit était tombée mais je ne pouvais pas faire d'erreur. J'étais chez maman et Reina.

J'ai pris une grande inspiration pour miauler fort.

Pas de réponse.

— Elles ne sont pas là, ni maman ni Reina.

— Peut-être que… c'est déjà… fit Kuro avec une grimace.

— Non, ne dites pas ça !

Une pensée effrayante avait surgi au fond de mon cœur. Peut-être que je ne verrais plus jamais maman.

— Cookie !

On m'appelait. Cette voix…

— Aoi !

J'ai miaulé de toutes mes forces.

— Cookie !

Je l'ai aperçue. Je n'avais pas imaginé qu'elle viendrait me chercher.

Une veste par-dessus son pyjama, elle était pieds nus dans ses sandales.

J'ai sauté dans ses bras.

Dès qu'elle m'a vue, elle a crié et s'est mise à sangloter.

— Bravo, Aoi. Tu as réussi à sortir, ai-je miaulé, ravie.

— Tout est bien qui finit bien, a commenté Kuro avant de filer.

La prochaine fois qu'il viendra à la maison, je demanderai à Aoi de lui donner plein de croquettes.

On a entendu une voiture approcher. Un taxi.

Reina en est descendue, une cage à la main.

— Reina !

Je ne l'avais jamais vue aussi surprise.

— Cookie !?

Une fois de plus, j'ai miaulé fort.

— Ah, euh, je suis…

— La maîtresse de Cookie, n'est-ce pas ? Vous êtes venues voir Mimi ? Entrez, a dit Reina en ouvrant la porte.

— Et maman ? Elle est où ? ai-je demandé à Reina.

— Calme-toi, tu vas la voir tout de suite.

À l'intérieur, j'ai retrouvé maman.

Elle est sortie de la cage, affublée d'un énorme et horrible col autour de la tête ; une de ses pattes arrière était bandée. Je n'avais pas réalisé qu'elle était si petite.

— Cookie, comme tu as grandi.

Maman était affaiblie, mais sa voix était ferme.

— Maman, ne te fais plus de souci.

— Merci.

Comme elle l'avait toujours fait pour moi, je l'ai reniflée et j'ai léché sa fourrure.

Au bout d'un moment, elle s'est endormie.

Aoi, Reina et moi, on la couvait du regard.

— Elle ira vite mieux, a dit Reina.

Oui, a répondu Aoi.

QUATRIÈME PARTIE

LA TEMPÉRATURE DE L'UNIVERS

CHAPITRE 1

Un matin d'été.

Protégé du soleil, niché sur un mur en parpaings bien frais, Kuro attendait le bon moment. Au loin, on entendait la musique de la gymnastique matinale.

Pour chasser, Kuro était capable de déployer des trésors de patience.

Enfin, sa proie est apparue.

Une montagne de boulettes de viande présentées sur une assiette.

La femme d'un certain âge a posé l'assiette devant la niche du chien.

L'heure de la chasse avait sonné.

Kuro a lancé dans les airs son corps imposant. D'une pirouette, il est retombé sur ses pattes. Tous ses membres ont absorbé le choc, le propulsant en avant sous l'élan.

La proie était à portée de patte.

Mais l'« ennemi » n'était pas en reste. Une ombre immense a bondi hors de la niche pour sauter sur l'assiette de boulettes de viande.

Si Kuro avait visé la viande, son adversaire l'aurait capturé. Cependant, son objectif n'était pas la nourriture mais le bol d'eau voisin. Étiré quasiment à l'horizontale, il griffe de la patte avant la surface de l'eau. Des gouttelettes jaillissent en arc de cercle. Elles sautent au visage de l'adversaire, qui ferme les yeux.

Kuro en profite pour dérober une boulette de viande.

Un délice.

— Bravo ! Tu m'as bien eu, a reconnu l'ennemi – John le chien – en croquant tranquillement une autre boulette.

Ce compliment a mis Kuro de bonne humeur. Kuro le chef des chats et John le chien sont de vieux compères. Leur amitié repose en grande partie sur les efforts de Kuro pour voler sa nourriture à John.

— C'est que je me fais vieux ; dire que tu arrives à me berner !

— C'est moi qui m'améliore.

Kuro et John, d'abord ennemis jurés, se respectaient désormais en tant que meilleurs adversaires au monde et entretenaient même une sorte d'admiration mutuelle.

Le plus souvent, la nourriture préparée par les humains était trop salée, mais la maîtresse de John savait rehausser la saveur des aliments. La vieille femme qui avait préparé leur pitance les regardait manger en bonne entente, un sourire aux lèvres.

Le ventre plein, Kuro s'est allongé à l'ombre de la niche.

— Sais-tu pourquoi les animaux se nourrissent ? l'a interrogé John, le repas terminé, en posant la tête sur ses pattes avant.

— Parce qu'ils ont faim, pardi, a répondu Kuro en pensant : Arrête de poser des questions évidentes.

— Et pourquoi a-t-on faim ?

— Parce qu'on est vivants.

— Exactement.

John a remué la queue de contentement.

— Il y a très très longtemps, il existait une forme de vie qui n'avait pas besoin de se nourrir.

— Vivre sans avoir à lever le petit doigt ? C'est le paradis.

— Le paradis ? Ce serait bien, a ri John.

Ensuite, il a raconté à Kuro l'histoire des êtres déchus du paradis.

Un endroit où l'on peut se nourrir sans avoir à travailler, en paix, sans lutter contre quiconque, heureux à tout jamais : c'est ça, le paradis.

Dans un lointain passé, une telle époque a brièvement existé. Mais cela ne concernait ni les humains, ni les chats, ni les chiens, ni même les plantes. C'était alors une forme de vie ni végétale ni animale, quelque chose qui ressemblait en gros à une feuille et qui avait prospéré jusqu'à recouvrir la Terre entière.

La Terre n'accueillait alors qu'une seule forme de vie. Cette existence-feuille décomposait les substances contenues dans l'eau de mer, où elle puisait ses forces ; la chaîne alimentaire où l'un mange l'autre n'existait pas.

— Mais alors, à quoi elles passaient leur temps, ces choses ? est intervenu Kuro.

— À rien. Elles existaient, c'est tout. Cette époque bienheureuse a duré un moment.

— Et qu'est-ce qu'elles sont devenues ?

— Elles ont disparu. De nouvelles formes de vie sont apparues qui les ont rayées de la carte en un clin d'œil, a annoncé John d'un ton grave.

Ensuite, comme en réaction au passé, une multitude d'espèces sont apparues sur Terre, à un rythme fou. Chacune de ces nombreuses formes de vie se débattait pour exister, elles luttaient entre elles, s'entre-dévoraient. Pourquoi le paradis des êtres-feuilles a-t-il échoué et pourquoi l'enfer où plein de formes de vie se tuent les unes les autres a-t-il réussi ? Il y a deux raisons à cela.

La diversité, et la concurrence.

Sans diversité, une cause unique peut annihiler un état de choses figé.

Sans concurrence entre semences, une forme de vie plus évoluée (mieux adaptée à son environnement) ne peut apparaître.

— Là, je ne comprends plus rien à ton histoire.

Kuro a bâillé, la gueule grande ouverte.

— Pour faire simple, le paradis, ça ne dure pas longtemps.

— Mouais, en gros, c'est bien fait pour eux, quoi.

— Tout à fait.

— Tu en sais des choses, John.

— Normalement, les vivants savent tout ce qui s'est passé depuis l'apparition de la vie sur Terre jusqu'à aujourd'hui. C'est juste que tout le monde l'a oublié, mais pas moi.

— Ah oui, vraiment ?

Kuro aimait bien discuter ainsi avec John. En tant que chef des chats, il n'avait aucun congénère à qui parler. John le chien n'avait nulle visée sur son territoire et il était érudit, c'était l'interlocuteur idéal.

— Kuro, as-tu envie de savoir quand tu mourras ?

John posait souvent des questions surprenantes.

— Absolument pas.

C'était vrai. L'avenir plus lointain que le lendemain, il n'en avait rien à faire.

— J'étais sûr que tu répondrais ça, s'est réjoui John.

— On est susceptibles de mourir à tout instant. Alors que tu es en pleine forme, un soir tu as la colique et paf, le lendemain matin, plus personne : j'en ai vu plus d'un partir comme ça. Sans compter ceux qui finissent sous les roues d'une voiture, transformés en serpillière sale.

Pour Kuro, la mort subite du chat était une évidence.

— En même temps, il y en a d'autres qui, malgré une blessure qui les empêcherait de trouver à manger par eux-mêmes, sont encore parmi nous, en pleine forme.

— Tu penses à Mimi ? Elle est sacrément résistante.

John, les yeux fermés, a réfléchi un moment avant de reprendre la parole :

— Je n'en ai plus pour longtemps.

Son ton était celui qu'il adoptait quand il vous confiait un secret spécial. Kuro, estomaqué, était bouche bée.

— Tu t'es démis la mâchoire ou quoi ? a demandé John.

— C'est à cause de ta blague toute pourrie.

— Ce n'est pas une blague.

John était sérieux, son regard le disait.

— Eh bien... comment dire, c'est fâcheux.

Kuro était sincère.

— C'est sympa de le penser.

— Je ne trouverai plus à manger ici.

John a ri à la boutade de Kuro.

— Mais John, tu es en pleine forme.

— Les humains craignent la mort...

Il avait changé de sujet.

— Ils ne sont pas les seuls. Nous aussi, les chiens et les chats, nous avons peur de mourir.

— Les humains sont bizarres.

— Moi, dans cette maison, j'ai déjà vu plusieurs personnes âgées mourir.

— C'est que tu vis ici depuis longtemps.

Une idée est venue à Kuro :

— Est-ce que tu aurais peur de mourir ?

— Non. C'est comme dormir. Tous les soirs, on s'entraîne à mourir, quelque part.

La suite paraissait plus difficile à dire :

— Mais... Je m'inquiète pour Elle.

John a tourné le regard vers la femme occupée à plier du linge dans la pièce donnant sur le jardin. Sa maîtresse. Elle paraissait en pleine forme, mais elle avait de nombreux cheveux blancs.

— Elle s'appelle Shino, a-t-il précisé.

Leurs yeux se sont rencontrés et Shino lui a souri avant de se lever.

— C'est ton amoureuse ?

— Hélas non. Shino a un mari. Même s'ils ne vivent pas ensemble pour l'instant.

Kuro a lentement pris ses distances avec Shino qui approchait.

— On dirait qu'il y a anguille sous roche.

Elle est repartie avec l'assiette vide.

— Elle ne travaille pas ?

— Avant, si. Dans ses tailleurs bien coupés, elle avait de l'allure. Mais elle a arrêté.

— Ah bon.

À la différence de John, Kuro ne portait aucun intérêt à l'existence des humains.

— Elle vit toute seule dans cette grande maison ?

— Oui. Avant, il y avait une personne âgée grabataire, dont elle prenait soin.

— Les vieux, c'est pas la peine de s'en occuper.

— Si on ne le fait pas, ils meurent.

— Pourquoi prendre soin de quelqu'un qui n'est pas capable de le faire lui-même ? Je ne pige vraiment pas, rétorque Kuro en s'étirant de tout son long.

— Elle y a sacrifié sa vie. À protéger une vieille femme en train de mourir à petit feu.

À force de l'écouter, Kuro a enfin saisi de quoi il retournait.

— Tu es fort pour tourner autour du pot. Pour résumer, tu ne veux pas finir comme ça, n'est-ce pas ?

— Tu as tout compris.

Sur ces mots, John a fermé les yeux et s'est endormi. Kuro s'est assoupi à ses côtés.

CHAPITRE 2

La baignoire est pleine.

Après quelques notes de musique, une voix de synthèse annonce que le bain est prêt.

— Oui, j'ai compris, répond Shino à la machine.

Elle quitte la télévision qu'elle était en train de regarder. Comme la maison a été adaptée aux personnes âgées, il n'y a pas la moindre marche jusqu'au cabinet de toilette. Quant à la salle de bains, elle est bardée de barres d'appui.

Shino n'en a pas encore besoin, mais leur présence est rassurante.

Elle gagne la salle de bains plongée dans l'obscurité et, doucement, se glisse dans l'eau chaude.

Si elle n'allume pas la lumière, c'est parce que sa belle-mère lui disait d'économiser l'électricité. Avec le recul, songe-t-elle, c'était sûrement une réaction à l'intrusion d'une personne extérieure dans le cercle familial. Quant à elle, à force de s'entêter, elle s'est habituée à prendre son bain dans la pénombre.

Ces petites piques envers sa bru n'étaient rien, par rapport à son comportement une fois devenue dépendante.

Un long soupir lui échappe.

Le clair de lune entre par le vasistas. Shino recueille de l'eau, les mains en coupe, et la lune se reflète entre ses paumes. Un sourire se dessine sur ses lèvres.

Un rien suffit à me réjouir, je ne suis pas très compliquée, pense-t-elle.

Elle sort du bain et enfile son pyjama. Sur le balcon, baignée par une douce brise, elle profite de la fraîcheur du soir ; une étoile filante apparaît.

Alors qu'elle cherche vite un vœu à formuler, elle se rend compte qu'elle ne souhaite plus rien.

La lune était belle, cette nuit-là. À cette heure tardive, les voix animées des jeunes gens et le grondement du trafic sur la nationale envolés, le calme régnait sur la ville.

Quand Kuro arrive chez John et Shino, ils sont déjà nombreux dans le jardin. Les chats libres de tout le quartier. Il aperçoit la silhouette de Chobi parmi eux. Ceux qui ont repéré Kuro s'écartent en signe de respect pour leur chef. Il s'installe devant la niche.

Enfin, John en émerge sans se presser. Lentement, il balaie du regard l'assemblée des chats.

— L'heure est arrivée. Ce soir, je vais disparaître, déclare-t-il gravement.

Une rumeur inarticulée monte des félins qui l'entourent, tandis que Kuro hoche la tête en silence.

— Tu vas nous manquer, John, lance Chobi d'un air pénétré.

Chacun, à sa manière, lui fait ses adieux. Pour les matous du quartier, il était un puits de science et un conseiller avisé. Il gérait les territoires et évitait les vaines luttes intestines.

John, silencieux, les yeux humides, reçoit les adieux des chats.

— Ceux qui ne peuvent pas se joindre à nous pensent sans doute à toi dans leurs paniers. Merci, John, déclare Kuro pour terminer.

— Merci à chacun d'entre vous, répond brièvement le chien, la gorge serrée.

Ensuite, avec ses pattes avant, il ôte adroitement son collier.

— Quelle habileté ! s'étonne Chobi.

— Ça fait longtemps qu'il est cassé.

Le collier en cuir, longtemps porté, a un lustre couleur caramel.

John s'ébroue puis, sous les rayons de la lune, il fait fermement un pas en avant.

— Tu sais, John, je n'arrive pas à croire que tu vas mourir… lance Chobi en le suivant.

— Je ne vais pas mourir. Je vais devenir éternel.

— Éternel ?

Kuro s'interrogeait, comme Chobi.

— Si je vous rendais témoins de ma mort, vous, Kuro et Chobi, et Shino aussi, vous le sauriez pour de bon. Mais si la mort reste introuvable, elle garde son mystère pour tout le monde.

— C'est ça, l'éternité ?

— Oui.

John se tourne vers la maison. Une seule fenêtre est éclairée. Celle de la pièce où se trouve Shino.

— Je m'occuperai d'elle, lance Kuro, le torse bombé.

— Je compte sur toi, Kuro.

John se met en marche.

Dans les rues désertes, en pleine nuit, le chien et les chats avancent ensemble.

La chaleur du jour subsiste dans l'obscurité, dont l'humidité colle à la peau. Pour les chats, c'est confortable. Kuro se rappelle une histoire racontée par John : les ancêtres des chats vivaient autrefois dans le Sud et d'après lui, c'est pour cela que par les nuits moites, une nostalgie indescriptible les envahit.

Enfin, un par un, les chats prennent le chemin de leur territoire.

Kuro et Chobi, tous les deux, escortent John jusqu'à la fin.

Il s'immobilise.

— À vous deux qui m'avez accompagné jusqu'au bout, je vais vous apprendre quelque chose.

— Quoi donc ? demande Chobi, surpris.

— Un jour, je reviendrai.

— Vraiment ?

— Oui. Ce jour-là, j'aurai peut-être changé d'apparence, mais vous me reconnaîtrez.

Chobi l'écoute avec gravité.

— À mon retour, j'exaucerai vos vœux à tous les deux, ajoute John d'un air pénétré.

— … Comme si c'était possible, lance Kuro, dubitatif.

— Moi, mon vœu, c'est…

John interrompt Chobi.

— Ce n'est pas la peine de le dire. Contente-toi de le formuler dans ton cœur.

Sous le ciel étoilé, Chobi ferme les yeux, convaincu.

N'importe quoi, se dit Kuro. Mais en même temps, on ne sait jamais ; l'image de Shino s'impose à son esprit.

Je voudrais qu'elle soit heureuse. Parce que le départ de John va sûrement lui causer du chagrin ; je peux bien souhaiter ça pour elle.

John regarde Kuro et Chobi à tour de rôle en hochant la tête, satisfait.

— N'oubliez pas ce vœu. Si vous y croyez suffisamment fort, il sera exaucé un jour, même sans moi.

Kuro et Chobi se regardent en clignant des yeux.

Pour résumer, ils se sont fait avoir.

John bat de la queue, content de lui.

— Dépêche-toi de partir ! râle Kuro.

D'un bond puissant, John s'élance à une vitesse incroyable pour un vieux chien.

Ensuite, loin dans la ville, on l'entend hurler à la lune.

— Tu parles qu'il est à l'article de la mort, il est en pleine forme le papy, ironise Kuro.

— Dis, Kuro… demande timidement Chobi, sur le chemin du retour.

— Quoi ?

— C'était quoi, ton vœu ?

— Rien.

Il mentait.

— Vraiment ?

— Ne me dis pas que tu as pris sa blague au sérieux ?

— Ce n'est pas une blague. John avait sa tête de quand il dit quelque chose d'important.

— Tu crois…

— Moi, mon vœu, c'est qu'Elle, mon amoureuse, soit heureuse… commence à dire Chobi alors qu'on ne lui demandait rien.

— On les garde pour soi, ces choses-là.

Il n'avait pas honte, quand même. En même temps, Kuro l'enviait un peu d'arriver à en parler sans gêne.

— À la prochaine !

Chobi s'élance dans la ville au cœur de la nuit. Pour retourner chez Elle, sans doute.

Après son départ, Kuro reste songeur un moment.

Je m'occuperai d'elle, avait-il dit.

Il avait un peu lancé ça emporté par l'atmosphère, mais vu qu'il s'était engagé, il devait tenir parole.

Sous le clair de lune, Kuro parcourt lentement le chemin du retour. Il va se glisser dans la niche de John, où il attendra le matin.

Baigné dans son odeur, il rêve de lui.

Shino a fait un rêve de gamine, quelque chose de tellement naïf qu'elle ne peut qu'en rire.

En songe, installée sur une étoile filante, elle visitait le ciel. L'étoile filante avait vraiment une forme d'étoile. Quant à elle, elle portait ses vêtements du jour mais avait retrouvé sa jeunesse. Elle se sentait étonnamment légère.

Quelqu'un s'est approché, juché sur une autre étoile filante.

C'était John. Il portait un casque en verre rond, un peu comme celui des astronautes.

— Ça alors, John ! s'écria-t-elle.

— Salut, Shino, répondit-il.

Un chien qui parle dans un rêve, ça ne surprend pas.

— Fais un vœu, pour voir. Puisque c'est une étoile filante, dit-il avec un clin d'œil.

— Dans ce cas, peut-être que tu pourrais me rajeunir ?

— Tu es déjà très jeune, non ?

En effet, dans son rêve, elle était redevenue une jeune fille.

— Ah oui, c'est vrai.

— Alors, fais un autre vœu.

Shino lança la première chose qui lui passait par la tête :

— Eh bien, si tu me préparais mon petit déjeuner ?

Quand elle se lève le matin, quel bonheur ce serait que le repas soit prêt !

— Tu peux compter sur moi.

De sa patte avant, John se frappa la poitrine.

Shino s'est alors réveillée.

Peut-être à cause de ce drôle de rêve, elle était toute chamboulée de bon matin.

Et si jamais… s'était-elle dit, mais bien entendu, aucun petit déjeuner ne l'attendait.

— C'est évident, non ?

Shino rit d'elle-même, d'y avoir cru ne serait-ce qu'un instant.

Avec les restes de la veille, elle prépare en un tournemain son repas et celui de John.

Une bonne odeur de pâtée réveille Kuro. Il a dormi jusque tard dans la matinée, peut-être parce qu'il s'est couché à point d'heure la veille.

Alors qu'il sort paresseusement de la niche, il tombe nez à nez avec Shino.

— Tiens donc ?

Elle écarquille les yeux.

— Shino. Je suis désolé, mais… John nous a quittés hier soir, explique-t-il de son mieux.

Il ne risque pas de se faire comprendre, mais Shino, qui a trouvé le collier de John, semble avoir deviné.

— Puisque c'est prêt, vas-y, mange.

Kuro a le petit déjeuner de John pour lui tout seul. Dans sa jeunesse, il avait espéré s'approprier un jour la pâtée de John, mais un repas qui vous tombe tout cuit dans le bec, ça manque de saveur, quelque part.

— Tu veux rester ici ?

C'était gentil de le proposer, mais Kuro préférait refuser.

— Je suis un chat de gouttière. Je ne suis le chat de personne.

C'est sa fierté.

Son petit déjeuner pris, il s'en va. C'est qu'il a du boulot, en tant que chef des chats.

Le lendemain aussi, il décide d'aller jeter un coup d'œil à Shino dès le matin.

Il est trop bon. Mais c'est pour John, il n'a pas le choix.

Il va chez Shino, où on lui sert un repas sans qu'il ait rien à demander. Il mange avec reconnaissance. C'est toujours délicieux. Le mariage entre le fumet de poisson et la viande de poulet est à son goût.

Tout en vidant son assiette, il relève soudain la tête : Shino semble ravie.

Puisqu'elle prépare à manger tous les jours, il ne peut quand même pas laisser la nourriture se perdre. Il fera un tour chez elle quotidiennement.

Au bout d'un moment, fatigué des allers et retours, il décide de dormir dans la niche de John. Shino a tenté plusieurs fois de le faire entrer dans la maison, mais il a refusé. S'il s'installait à l'intérieur, il ne serait plus un chat de gouttière. Il se laisse nourrir, mais il dort dans la niche de John.

Kuro et Shino, assis côte à côte sur la véranda de la vieille maison, ont pris l'habitude de discuter ensemble.

Depuis la disparition de John, ils ont l'un et l'autre besoin de quelqu'un à qui parler.

Shino caresse doucement le dos de Kuro. Lui qui n'avait jusque-là jamais laissé un humain toucher sa fourrure, est tout d'abord à deux doigts de s'éloigner d'un bond, mais à force de se laisser faire, il finit par découvrir que ce n'est pas si désagréable que ça.

Shino vit toute seule dans sa vieille maison. Sa conversation porte exclusivement sur des personnes mortes ou absentes.

Je te parle d'un temps où je débordais encore d'énergie, et j'étais belle.

Le père de mon mari, mon beau-père, après un accident vasculaire cérébral, est devenu dépendant.

Soucieuse du qu'en-dira-t-on, ma belle-mère a tenu à le garder à la maison et mon mari aussi trouvait que c'était la chose à faire. Personne ne savait à quel point ce serait difficile, et comme on avait dépensé une fortune pour rénover la maison, on était coincés.

S'occuper d'une personne dépendante, c'est dur pour celui qui prodigue les soins comme pour celui qui les reçoit.

Mon beau-père, qui avait toujours dirigé des gens dans son travail, était très fier, et jusqu'au bout, il lui a été impossible d'accepter sa situation. Lui qui avait été un homme remarquable piquait désormais une crise à la moindre contrariété. Quand il nous appelait, il fallait répondre immédiatement – et ce n'était que le début ; il trouvait à redire à notre façon de lui servir ses repas, se fâchait, nous menaçait, il est devenu violent et paranoïaque.

Ma belle-mère faisait preuve d'une résilience admirable. J'ai décidé de démissionner de mon poste de commerciale dans une entreprise pharmaceutique pour l'aider.

Mon supérieur hiérarchique, à l'époque, m'a conseillé le recours à une maison de retraite, il voulait que je reste, mais mon mari n'était pas d'accord.

Mon dernier jour au travail.

« Dans la vie, il faut se réserver une part pour soi-même », m'a dit mon chef. C'est bien plus tard que j'ai compris ce qu'il voulait dire.

Les soins à mon beau-père ont duré plus longtemps que nous ne l'avions imaginé.

Quand il est décédé, ma belle-mère a joint les mains et dit : « Merci. »

Aussitôt après, elle a commencé à donner des signes de sénilité.

À l'époque, mon mari ne rentrait déjà plus à la maison, alors je me suis occupée d'elle toute seule. Elle s'est mise à se comporter exactement comme mon beau-père l'avait fait. Elle a exercé la même tyrannie qu'elle avait pourtant détestée. J'étais seule à la subir, mais je ne pouvais pas l'abandonner, alors j'ai continué à prendre soin d'elle.

J'étais déjà trop âgée pour reprendre le travail et j'avais ma fierté vis-à-vis de mon mari qui avait une liaison.

Ma belle-mère ne supportait plus rien, elle hurlait et se débattait et, à la fin, elle est morte sans plus savoir qui elle était.

Tout ce qu'il m'est resté au bout du compte, c'est cette maison adaptée aux personnes âgées et moi-même, exténuée.

Mon mari et moi n'avons pas eu d'enfant. Sinon, les choses auraient peut-être été différentes. Il travaille dans l'aide sociale. Sans rien savoir de la réalité des soins aux personnes âgées chez lui, il parcourait le pays pour donner des conférences sur le travail des aidants et la médecine du troisième âge.

— Mon mari est parti… Je me suis retrouvée toute seule dans cette maison vide.

Shino a eu un sourire triste.

— Hum.

Elle parlait d'un monde inconnu de Kuro.

— Parfois, je me demande ce qu'a été ma vie…

Elle le grattouille sous le menton.

— Je t'envie. Tu es libre.

Kuro a vécu librement. C'est pourquoi il sait parfaitement que la liberté a un prix.

— Tu as un endroit où dormir, du chauffage et de quoi manger. Je ne vois pas trop où est le vide dont tu parles, réplique-t-il.

Shino le regarde, les yeux plissés de joie.

— John a disparu… mais je suis contente que tu sois là.

Pff… Voilà qu'elle fait la sentimentale. Kuro se lève d'un bond.

Il doit lui montrer ce que c'est, la vie.

— Suis-moi !

Il part se promener avec Shino sur ses talons.

La vie de chat, ça s'apprend dans la rue. Shino n'est plus toute jeune, mais il n'est pas trop tard pour se lancer dans quelque chose de nouveau.

Comme avec un chaton, Kuro use de toute sa patience à lui enseigner les choses de la vie.

Pour commencer, savoir différencier l'eau qu'on peut boire de celle qu'il faut éviter. L'eau des flaques est sale, elle vous colle mal au ventre. Celle des fontaines, dans les parcs, paraît propre à première vue, mais comme c'est un circuit fermé, on est bon pour la diarrhée. Celle des points d'eau potable est sûre. Il suffit de lécher les gouttes qui coulent du robinet pour étancher sa soif.

Ensuite, il décide de lui apprendre les techniques de chasse. Quand on sait capturer une proie, on est capable de survivre n'importe où. Et puis, ça apporte de la satisfaction, c'est agréable. Ça vous donne la pêche.

— Shino, attends ici.

Sous ses yeux, Kuro bondit dans un fourré, attrape une sauterelle et revient. C'est le bon type de proie pour commencer.

Il la laisse tomber à ses pieds.

— Oh, bravo !

Shino a laissé s'enfuir la sauterelle qu'il s'est décarcassé à capturer pour elle.

— Quelle gourde ! Tu as envie d'apprendre ou non ?

Kuro la sermonne, mais comme elle le caresse en lui disant « Tu es fort, tu sais » et d'autres compliments, il se laisse peu à peu attendrir.

Allez, ce n'est pas grave. Elle apprendra au fur et à mesure.

Un jour où leur promenade matinale est devenue quotidienne, ils croisent une femme dont il connaît l'odeur.

— Bonjour, Aoi !

C'est ainsi que Shino l'appelle.

— Ah, bonjour !

C'est la maîtresse de Cookie, celle qui était venue chercher la petite égarée. Elle est mieux habillée que la dernière fois. Elle a meilleure mine, elle est plus belle.

— Tu vas au travail ?

— Oui, je commence aujourd'hui.

— Je vois, bon courage, alors.

— Merci. Ce chat… c'est le vôtre ? Il ressemble comme deux gouttes d'eau à un matou qui vient parfois à la maison.

— C'est fort possible. En ce moment, il joue les pique-assiette chez moi.

— Tu te fais nourrir ? Veinard, va… dit Aoi en s'accroupissant devant Kuro ; elle lui tend la paume de sa main.

Intrigué, il la renifle instinctivement. C'était un piège : Aoi l'attrape et, en un clin d'œil, il se retrouve sur le dos à se faire caresser le ventre. Kuro se tortille, tente de lui échapper, mais c'est tellement agréable qu'il finit par abandonner.

Elle, elle sait y faire avec les chats… c'est bon !

— Comment va Cookie ? demande-t-il.

Mais aux oreilles d'Aoi, sa question n'est que miaulements.

— Moi aussi, j'ai un chat. C'est encore un chaton… L'autre jour, il s'est enfui pour aller retrouver sa mère.

— Eh bien, quelle intelligence !

— Penses-tu, c'est moi qui ai amené Cookie à bon port, oui.

Bien entendu, ses paroles restent incompréhensibles aux humaines.

Tant pis, ce n'est pas grave.

Après avoir quitté Aoi, Shino et Kuro décident de prendre le chemin du retour. Kuro aurait aimé sillonner un peu plus son territoire, mais Shino semble épuisée.

De retour à la maison, il perçoit une présence dans le jardin.

— John… c'est toi ? Tu es revenu ?

Kuro s'élance comme une fusée. Il regarde dans la niche, mais John n'y est pas.

Quelqu'un est allongé sur la véranda extérieure. Pas John le chien, mais un jeune homme. Dans un costume fripé, un sac en plastique de supérette à la main, il est pâle comme un linge.

C'est un inconnu, mais Kuro ne sent pas de danger. Parce qu'il émane de lui une odeur très proche de celle de Shino.

— Ryôta, c'est toi… ?

À la question de Shino, l'homme affalé par terre soulève les paupières.

— Bonjour, tante Shino. Ça fait longtemps, répond-il sans se relever, les yeux plissés.

— Oui, ça fait longtemps. Qu'est-ce qu'il t'arrive ?

— S'il te plaît, si on me demande au téléphone, tu peux répondre que je ne suis pas là ? Et ne dis rien à mon père non plus.

Ryôta s'agrippe à Shino, son ton urgent.

— Tu as tes raisons, je vois, je vois.

Elle accueille à bras ouverts ce visiteur inattendu.

CHAPITRE 3

Je n'avais ni ambition ni rêves de grandeur. Je voulais juste une vie normale.

Je n'ai pas de talent ou de handicap particuliers. À l'école, j'étais un élève moyen, ni prodige ni cancre. Je n'ai jamais rien fait de spécial qui m'aurait valu une distinction particulière ou, au contraire, une sanction sévère.

En athlétisme, que j'ai pratiqué au collège et au lycée, j'ai été plusieurs fois choisi pour participer à des compétitions, sans parvenir à me hisser au niveau départemental. Je n'ai jamais été hospitalisé pour une maladie grave ou une grosse blessure, mes parents ne sont ni divorcés ni endettés jusqu'au cou et je n'ai pas d'ami qui se serait suicidé, pas plus que je n'ai vécu de traumatisme semblable.

J'ai mené une existence normale, j'ai préparé les examens comme tout le monde et j'ai intégré l'université près de chez moi. J'ai vécu ma vie d'étudiant et quand il s'est agi de décrocher un emploi, je n'ai rien trouvé. *A priori*, la société n'avait pas besoin de moi, comme je le comprenais pour la première fois.

Qu'est-ce qui n'allait pas ? Je l'ignore. J'ai juste fait comme tout le monde.

C'était comme si on avait ôté l'échelle de sous mes pieds et que je me retrouvais en suspens.

Ce que je m'imaginais être une vie normale semblait réservé aux prodiges, aux personnes bourrées de talent.

Ai-je eu tort de penser qu'il suffisait de faire comme tout le monde pour devenir un adulte à part entière ? C'est une question de génération ; c'est la crise ; quand on est jeune il faut accepter n'importe quel travail… un tas de gens m'ont dit un tas de choses. Reporter la faute sur le système, ça soulage mais ça ne résout rien.

Alors que je ne savais plus quoi faire, mon père m'a trouvé un emploi, à l'automne. Un poste pour ce qu'on appelle les « presque » jeunes diplômés. Ça m'a sidéré parce que je ne l'aurais pas imaginé capable de me pistonner, mais j'ai sauté sur l'occasion, plein de reconnaissance.

C'était une entreprise dans les technologies de l'information. Si je ne connaissais rien ni à la programmation ni aux ordinateurs, j'étais en revanche prêt à me démener.

La première tâche qu'on m'a confiée pendant ma période de formation ne relevait ni de l'un ni de l'autre : on m'a fait creuser un trou, sans raison. Une tranchée plus profonde que ma propre taille, qu'on a creusée tous ensemble avec les autres « presque » jeunes diplômés embauchés en même temps que moi. On a pelleté sans relâche, en se faisant enguirlander comme du poisson pourri. On a pioché jusqu'à ce que nos ampoules aux mains éclatent et qu'enfin, le trou soit terminé.

Lorsque le chef nous a complimentés, on était au bout du rouleau et on a pleuré, pleins d'un sentiment d'accomplissement inégalé. On s'est sentis acceptés par cette entreprise. Avec le recul, je vois bien que c'était un tour de passe-passe dont ils étaient familiers.

Ensuite, je me suis lancé à corps perdu dans le travail. Le projet auquel on m'a affecté après une formation minime était condamné dès le départ et je me suis épuisé à travailler, encore plus que quand je creusais le trou.

Dans cette entreprise, le mental comptait davantage que les compétences. Si on braillait fort, on pouvait être plutôt mauvais au niveau technique, ça passait.

Depuis plusieurs mois, je ne rentrais plus chez moi ; on me faisait dormir à l'hôtel près de chez le client. Ce jour-là, je n'avais même pas pu retourner dans ma chambre.

Dans la kitchenette de la société à laquelle j'étais sous-traité, je m'apprêtais à préparer des nouilles instantanées piochées dans mon stock, comme d'habitude, lorsque j'ai réalisé que je ne savais plus comment faire.

Moi-même, je trouve ça incompréhensible.

Mais devant la kyrielle de sachets – pour la soupe, pour chaque condiment… –, je ne savais plus dans quel ordre les ouvrir, comment les verser dans le récipient. J'avais beau lire et relire les instructions, je n'y comprenais rien.

Cette prise de conscience m'a fait froid dans le dos.

J'étais au bord du burn-out. J'ai posé le pot de nouilles près du thermos d'eau chaude, dans la kitchenette sombre, et je suis sorti par les escaliers de service en prenant garde à ne pas me faire repérer.

Ma montre indiquait six heures, mais peut-être parce que j'avais trop longtemps fixé l'écran de mon ordinateur, les alentours me paraissaient teintés de jaune. Les rues du quartier d'affaires étaient presque désertes, on aurait dit que je m'étais égaré dans un monde parallèle.

C'est quand je suis arrivé à la gare que j'ai enfin compris qu'il était non pas six heures du soir, mais six heures du matin.

Je suis monté dans le premier train qui est arrivé, me suis assis sur un siège et j'ai dormi. J'avais oublié mon téléphone portable quelque part. Ou peut-être que je l'avais jeté à mon insu.

Une foule de gens sont montés dans le train et je me suis réveillé. C'est alors que j'ai réalisé qu'en changeant à cette gare, je pourrais aller chez ma tante.

Cela faisait plusieurs années que je ne l'avais pas vue, mais elle avait été gentille avec moi dans mon enfance. J'avais juste envie de la voir. De voir quelqu'un qui m'accepterait tel que je suis.

Ryôta passait son temps à dormir, le matin et dans la journée.

On dirait un chat, pensait Kuro.

— C'est mon neveu, avait dit Shino en guise de présentation.

C'était paraît-il le fils de son frère aîné Tasuke.

Désormais, Shino préparait à manger pour deux (plus la part de Kuro) et retenait Ryôta quand il tentait de partir.

— Mon père a fait jouer ses relations pour me faire embaucher là-bas, avec la honte que je lui ai collée, je ne peux pas rentrer à la maison.

Peu à peu, il s'était ouvert sur ce qui lui était arrivé. Shino était en colère, il y avait vraiment des entreprises horribles. Ces histoires dépassaient Kuro, mais il comprenait que le jeune homme semblait s'être enfui d'un endroit terrible.

— Tu peux rester ici aussi longtemps que tu le voudras.

Ryôta se remettait progressivement. Shino s'en réjouissait, mais pour Kuro, c'était assommant.

Et voilà ! Maintenant que le jeune allait mieux, c'était du travail en plus pour lui.

Face à Ryôta qui lui agitait avec une impolitesse patente un morceau de ficelle sous le nez, Kuro le lui arrachait des mains sans hésiter, histoire de lui montrer qui était le maître.

Shino aimait sans doute prendre soin des gens, au plus profond d'elle-même. Elle lui paraissait en meilleure forme qu'avant.

Il a fallu l'été entier pour que Ryôta récupère assez pour faire une promenade ou aider dans la maison.

— Tu es libre toi, quelle chance ! lance Ryôta, les yeux plissés.

Il a soudain surgi pendant que Kuro mangeait sa pâtée.

— Vous, les humains, vous êtes drôlement plus libres, non ?

À la différence des chats, les humains peuvent manger ce qu'ils veulent, aller où bon leur semble.

Chaque fois que Ryôta fait mine de s'occuper de Kuro, celui-ci lui décoche un coup de patte préventif, sans grand effet. L'autre persiste à l'attraper pour tenter de le caresser.

Un jour que Kuro, une nouvelle fois, s'échappe des bras de Ryôta, il voit Chobi approcher.

— Pourtant, les caresses des humains sont agréables, remarque Chobi.

— Dans ce cas, va donc te faire caresser, ne te gêne pas.

Bien entendu, Chobi ne se laisse tripoter par personne d'autre que sa maîtresse.

— C'est un garçon sérieux, déclare-t-il à propos de Ryôta.

Ce jour-là, à la demande de Shino, celui-ci était en train de désherber le jardin. Ici et là gisaient de petits tas des mauvaises herbes arrachées.

— Même les plus mollassons sont capables de se bouger, constate Kuro.

Chobi et lui observaient Ryôta, côte à côte.

— Les humains trop sérieux n'arrivent pas à rejeter la faute sur les autres et du coup, ils se torturent eux-mêmes.

Chobi, comme chat, est un lâche, mais il connaît bien les humains, songe Kuro.

— Ça, ça doit être dur à vivre, dit-il, et une idée lui vient : Ta maîtresse, elle est pareille ?

— Oui, ils se ressemblent beaucoup, répond Chobi, un peu chagrin.

Shino découvre qu'enseigner est bien plus amusant qu'elle ne l'imaginait.

Jusque-là, jamais elle n'avait eu l'occasion de transmettre, on ne le lui avait pas demandé.

Assister aux progrès de Ryôta, même concernant la plus simple des tâches ménagères, est un plaisir.

Si elle avait eu un fils, cela aurait peut-être été ainsi. L'idée suffisait à donner du relief à son quotidien.

Au début, il ne savait presque rien faire. Comment laver le riz, nettoyer les vitres, elle lui apprenait tout avec patience.

Il était bon élève, c'était motivant.

Au bout de trois mois, la gêne entre eux disparue, ils bavardaient librement.

Partager son repas en discutant des petits riens de la journée est un plaisir que Shino avait depuis longtemps oublié.

Et puis le jour redouté est arrivé.

Tôt un matin, la sonnette a retenti. On appuyait rageusement sur le bouton, plusieurs fois d'affilée.

— Ryôta ! Je sais que tu es là.

C'était la voix de Tasuke, le frère aîné de Shino.

Ryôta, en train de préparer le petit déjeuner, a suspendu son geste. Il était pâle comme un linge.

— Ça va aller.

Shino a pris une profonde inspiration et éteint le gaz. Kuro, qui attendait son petit déjeuner dans la cuisine, s'est lentement levé. Shino et lui se sont regardés.

— Il va voir ce qu'il va voir, semblait-il écrit sur les traits du chat.

La bataille commençait.

À travers la vitre de la porte d'entrée, on devinait plusieurs silhouettes.

Il lui fallait de l'aide pour venir menacer une vieille femme ?

Une chaleur comme elle n'en avait pas ressenti depuis plusieurs années jaillissait du plus profond de Shino. Même quand son mari l'avait quittée, elle n'avait pas ressenti cela. Elle était en colère. Kuro a dressé la queue, à croire qu'elle lui avait transmis son courroux.

Exactement, Kuro, nous allons nous battre pour protéger notre territoire !

— Ryôta ! Montre-toi !

Tasuke tambourinait à la porte. Sans se laisser impressionner par le bruit, Shino a ouvert. Tasuke se tenait devant elle, accompagné d'hommes en costumes sombres.

— Tasuke ! Cela faisait longtemps.

Sa voix était calme et posée.

— Shino. Où est Ryôta ?

— Pars, s'il te plaît.

À peine avait-elle parlé que les traits de Tasuke se sont déformés.

— Non, laisse-moi voir mon fils.

— Tu es toujours aussi mal élevé.

— Papa, arrête !

Ryôta s'était montré.

Ça fichait pourtant tout en l'air, s'il s'en mêlait...

Tasuke, qui n'avait pas vu son fils depuis longtemps, s'est emporté.

— Ryôta ! Comment as-tu pu me faire ça ?

— Arrête...

Alors qu'il était intervenu sans hésiter, face à son père, Ryôta fléchissait.

— Entre ta réputation et la vie de ton fils, qu'est-ce qui est le plus important ? s'est enquis Shino d'un ton toujours égal.

— N'exagère pas, non plus !

Tasuke ne cachait pas son agacement.

— Parce que tu imagines que j'exagère ?

Avec un soupir, Shino a regardé son frère dans les yeux :

— Va-t'en, s'il te plaît.

Devant sa fermeté, un éclair de doute a traversé le regard de Tasuke. Cela faisait longtemps qu'elle avait quitté le giron familial. Elle n'était plus la petite sœur faible et malléable qu'il avait connue.

L'un des hommes qui l'accompagnait a saisi le bras de Shino.

Grrrr !

Un grondement comme sorti des entrailles de la terre s'est élevé. C'était Kuro, son feulement sauvage lourd de sens.

Instinctivement, Tasuke et les hommes en noir ont fait un pas en arrière.

— Vous plaisantez ? a lancé Shino en écartant la main de l'homme. De grands garçons comme vous qui reculent devant un chat ?

Tasuke était visiblement déstabilisé.

— … Qu'est-ce que tu comptes faire de mon fils ?

— Rien du tout. Il suffit d'attendre.

Elle soutenait son regard ; il a détourné les yeux en premier.

— Je reviendrai.

— La prochaine fois, j'appelle la police, a-t-elle lancé dans le dos des hommes en train de s'éloigner.

Après leur départ, Ryôta s'est incliné devant elle.

— Je… Merci…

Il sanglotait presque.

Kuro lui a assené une série de coups de patte bien sentis.

Ressaisis-toi ! Voilà ce qu'il semblait lui dire.

— Allez, prenons notre petit déjeuner, a proposé Shino avec un enjouement calculé.

Ensuite, elle a lentement desserré ses poings fermés. Les jointures de ses doigts étaient toutes blanches.

CHAPITRE 4

Les saisons ont passé et l'hiver est arrivé.

Kuro s'est réveillé plus tôt que d'habitude. Piétinant le ventre de Shino encore endormie, il se dirige vers les toilettes.

Shino pousse un petit grognement.

Le demi-jour qui précède le lever du soleil est propice à la chasse ; pourtant, avec ce froid, il n'est pas motivé.

Il ne fait pas chaud dans le cabinet de toilette où est installée sa caisse, mais comparé à dehors, c'est infiniment mieux. À cette pensée, il secoue la tête.

Ça ne va pas du tout. Il réfléchit exactement comme un chat domestique. Et voilà qu'il dort sous une couverture ! Mais ce serait cet hiver seulement…

Pour la saison froide, Kuro s'était invité chez Shino. Avec deux convives impromptus, celle-ci avait fort à faire.

Comme elle s'était mis en tête de le laver, au début, Kuro l'avait évitée, mais elle avait sournoisement profité de son sommeil pour l'attraper et le plonger dans un baquet d'eau chaude. À vrai dire, avec l'habitude, faire trempette au chaud est une coutume plutôt agréable. Ça serait du gâchis de laisser ce plaisir aux seuls humains.

Après s'être soulagé, Kuro gratte le sable blanc de sa caisse avec les pattes arrière. Ces toilettes aussi, voilà qui est sacrément confortable.

Un rai de lumière filtre de la cuisine. Ces derniers temps, les préparatifs du petit déjeuner reviennent à Ryôta. Au début, il ne préparait que des plats immondes, trop salés, mais il s'est amélioré. Depuis, c'est pas trop mal.

Shino, libérée de l'obligation de se lever tôt, est aux anges.

Alors qu'il s'apprêtait à retourner se coucher, Kuro sent soudain une présence familière.

Il connaît cette sensation.

— John ?

Un nom oublié depuis longtemps lui monte aux lèvres. C'est triste à dire, mais ces derniers temps, il ne pense plus beaucoup à lui.

— John ! miaule Kuro d'une voix puissante.

Il sort par la chatière. S'élance à l'extérieur, sans reculer devant le froid mordant de ce matin d'hiver.

Les nuages sont bas. Leur ventre lourd laisse échapper de petits pétales blancs.

Il neige.

Tiens, c'est vrai, John aimait la neige.

— John ! Tu es là ?

Kuro fait le tour du jardin en l'appelant.

— Qu'est-ce qu'il t'arrive, Kuro ? Tu n'as pas froid ?

Ryôta, chaudement vêtu, sort de la cuisine.

— Regarde, Ryôta !

Kuro lève la tête vers le ciel.

— Tiens, il neige !

Ryôta aussi a levé les yeux.

— Peut-être que John va revenir, un jour comme celui-ci.

Kuro s'élance.

— Eh, où vas-tu ? Tu n'as même pas mangé.

Dans l'air glacé du petit matin, il court de toutes ses forces. De gros flocons se mettent à tomber.

— Attends, Kuro !

Il entend Ryôta se lancer à sa poursuite dans un grand bruit de pas.

— Viens, Ryôta ! Peut-être que notre vœu va se réaliser.

Kuro court, sans se soucier des questions de territoire. Il gravit une côte puis, du haut de la glissière de sécurité, saute sur un mur. De là, il atterrit sur un distributeur automatique de boissons, et sur un autre mur. Toujours plus haut. Rien d'autre ne lui importe.

Il a l'impression que John l'appelle.

Une bourrasque charrie de la neige.

Kuro, ses forces concentrées dans ses quatre pattes, fonce sur le bitume.

— John ! crie un chat dans la côte.

C'est Chobi.

— Chobi !

Chobi et Kuro courent, côte à côte. Les premiers trains s'ébranlent. Le grondement puissant de leur course monte du pont ferroviaire.

Aiguillonnés par le bruit, Chobi et Kuro courent, épaule contre épaule. Avec pour objectif le haut de la côte.

L'immeuble en bois où vit Mimi est en vue. Il y a de la lumière chez Reina, qui a probablement passé la nuit à peindre.

Ils courent, à la poursuite des flocons de neige. La rue est maintenant en pente. Ils traversent le sanctuaire, filent dans les rues du lotissement. Toujours plus loin.

Ils passent devant la maison de Cookie et Aoi, où la boîte aux lettres a changé. Elle est ornée du dessin d'un chat à la fourrure tachetée.

— C'est un portrait de Cookie ! lance Chobi.

Kuro n'a pas besoin qu'on le lui dise.

Kuro et Chobi courent. Ils sentent qu'ils approchent de John. Une butte flanquée d'escaliers raides apparaît devant eux.

— Ne me dites pas qu'il faut monter… entendent-ils Ryôta s'exclamer derrière eux, d'un ton pitoyable.

— John ! s'exclame Kuro.

— On est tout près !

Chobi le sent aussi. Ils grimpent les marches, volée par volée, jusqu'au point le plus élevé du quartier. Un banc dans un petit parc sur une butte.

Les flocons de neige, toujours plus gros, sont de plus en plus nombreux.

On voit les trains passer.

— La neige va marquer…

— Oui, elle va rester.

Chobi et Kuro, côte à côte, regardent les trains pendant un moment. Sous leurs yeux s'étend la ville qui commence à s'éveiller. Son pouls recommence à battre.

Ryôta, le souffle court, les rattrape.

— Kuro… qu'est-ce que tu fabriques ?

Il halète. À son âge, c'est pitoyable.

Chobi tourne les yeux dans la direction opposée à Ryôta. On entend des pas de femme approcher.

— Chobi !

Une femme aux cheveux courts, emmitouflée dans un grand manteau, fait son apparition. Sa silhouette de bibendum lui donne des airs de gros chat, songe Kuro.

— C'est mon amoureuse, annonce Chobi avec fierté.

En voyant Ryôta, elle affiche un air surpris. Sans doute n'avait-elle pas imaginé la présence d'un autre humain ici.

— Euh, je suis le maître de… bredouille Ryôta.

— Ma maîtresse, c'est Shino, je suis son chat à Elle. Pas à toi, râle Kuro, mais Ryôta n'en a rien à faire.

Il ne peut détacher son regard de la maîtresse de Chobi.

Elle tend les bras vers son chat, qui s'y réfugie d'un air habitué.

— Chobi est parti à toute allure, je n'en revenais pas.

— Pareil pour Kuro, eh eh…

Ryôta rit bêtement.

Ils se regardent, les yeux dans les yeux.

— C'est la première fois qu'il neige, cet hiver, remarque enfin la jeune femme.

Ryôta lui répond, l'air ravi.

La présence de John s'est évanouie aussi vite qu'elle s'était manifestée.

Kuro s'ébroue.

— Kuro, je crois que mon vœu a été exaucé.

— Comment ça ?

Chobi lève les yeux vers Elle : elle lui paraît lumineuse.

Son expression rappelle un peu celle de Shino ces derniers temps.

Kuro comprend enfin.

Mais oui, le mien aussi, et depuis longtemps !

En même temps, il ne reverra sans doute jamais John, comprend-il.

Merci, mon ami.

Son murmure s'adresse aux nuages chargés de neige.

ÉPILOGUE

Le long, long hiver terminé, la saison des cerisiers en fleur est arrivée.

Chobi en cage dans mes bras, je marche sous les cerisiers de l'allée qui borde les berges. Les pétales rose tendre rendent l'horizon vaporeux.

Ils virevoltent çà et là, dessinant les flux d'air d'habitude imperceptibles.

— Les sentiments sont invisibles à l'œil nu, on n'y peut rien.

C'est ce que m'a dit, un jour, la personne qui marche à mes côtés. Ces mots m'ont énormément soulagée.

Jusque-là, j'étais persuadée que c'était de ma faute si je ne comprenais pas ce que ressentaient les gens. Si je blessais mon entourage par mon incapacité à discerner ce qui était visible à chacun.

Mes propres sentiments m'étaient incompréhensibles. Mais se figurer que je faisais semblant de ne pas remarquer ceux des autres, c'était aller trop loin.

Quelqu'un me l'a appris.

Quelqu'un que j'ai rencontré grâce à Chobi.

La brise a porté quelques pétales jusqu'à moi.

— C'est joli, hein, Chobi.

Je m'adresse à lui dans la cage et il miaule en retour.

Depuis notre première rencontre au parc, ce matin où il neigeait, nous nous voyons de temps en temps.

J'aimerais bien qu'on apprenne à se connaître, tout doucement.

Je m'imaginais avoir sauvé Chobi, ce fameux jour de pluie.

C'est plutôt lui qui m'a sauvée.

— Hé, Mimi, descends donc ! lance Masato à Mimi qui lui souffle dessus, tout en haut d'une étagère.

Sa blessure à la patte guérie, elle est désormais capable de grimper n'importe où.

— Arrête de t'amuser et dépêche-toi de m'aider à terminer, dis-je en enveloppant de la vaisselle dans du papier journal.

— Eh oh, Reina, je suis quand même ton aîné… rétorque-t-il tout en se mettant à ficeler soigneusement une pile de magazines.

J'ai tant bien que mal réussi le concours et je vais intégrer les Beaux-Arts, comme Masato, avec un an de retard.

Je ferai les trajets depuis chez mes parents ; le studio, c'est fini.

— Tiens, tu lis ce genre de mangas ? Ça m'étonne, remarque Masato en ficelant des mensuels de mangas.

— Parce que c'est une amie qui les dessine.

— Tu es amie avec une mangaka professionnelle ? La classe !

C'est Aoi, la maîtresse de Cookie. En plus de son travail, elle a récemment commencé à publier des petits récits en quatre cases sur un chat. Depuis qu'elle est venue avec Cookie rendre visite à Mimi alitée, nous sommes devenues bonnes copines. Toutes deux viennent parfois à la maison. À un an passé, Cookie est désormais une vraie demoiselle.

Par la fenêtre ouverte, une légère brise apporte quelques pétales de cerisier.

Une drôle d'émotion m'envahit.

Moi aussi, je m'apprête à faire mes premiers pas dans un monde nouveau.

Je suis chez Elle et, côte à côte, nous contemplons le ciel d'un bleu pur.

Le vent souffle, balayant à toute vitesse de fins nuages.

Ses doigts fins effleurent ma fourrure.

— Dis, Chobi, dit-elle.

— Oui ? réponds-je.

Elle ne dit rien de plus, mais je comprends.

Parce que je ressens la même chose qu'elle.

J'aime ce monde.

Je le formule clairement en mon for intérieur.

Un sourire se dessine sur ses lèvres. Je lève les yeux vers son visage radieux.

Elle comprend ce que je pense.

Je crois qu'Elle aussi, aime ce monde.

PEFC PEFC/14-38-00277

Cet ouvrage est composé de matériaux issus de forêts gérées durablement certifiées PEFC™.
Le Programme de reconnaissance des certifications forestières (PEFC™) est le plus grand organisme mondial indépendant de contrôle pour une gestion durable des forêts. Pour en savoir plus, consultez le site www.pefc-france.org

Achevé d'imprimer en février 2023
par Novoprint
Dépôt légal : mars 2023
Imprimé en Slovaquie